TAKU PUKA TOHUTAO TUATAHI

NGĀ TOHUTAO

- NGĀ KAI MŌKARAKARA -

- NGĀ KAI ĀWENEWENE -

HE MIHI

KAIWHAKAMĀORI: DR JENNIFER MARTIN

Ora ai te ngākau o Jen i te noho tahi ki tana whānau, i āna irāmutu me ana hoa, me te hoki ki tana ūkaipō i Mitimiti i Te Tai Tokerau. Ko Te Rarawa te iwi. Ko Mātihetihe te marae.

He ika-a-Whiro a Jen nō Te Panekiretanga o Te Reo. Katoa āna mahi i te whare wānanga, i te ao mahi kirimana rānei e aro ana ki te reo Māori me te mātauranga.

Mai i te wā e tamariki ana a Jen rāua ko tana tuakana, ko Steph, nā te tao kai ngā reanga o te whānau i whakakotahi. Rawe ana ki ngā irāmutu a Jen te mahi tunutunu. Mā tēnei whakamāoritanga e rere ai te reo Māori ki roto i ngā mahi tunu kai a ngā tamariki, puta noa, hei tūhono i ngā reanga, hei whakapārekareka i te noho ā-whānau.

EDMONDS

Tēnei te mihi a Edmonds ki ngā kaituku tohutao mai o nanahi, o nāianei, o āpōpō anō hoki ki ngā pukatao a Edmonds.

Nā te whakapaunga kaha, nā te auahatanga, nā te kohara, nā ngā pūkenga hoki o tērā hunga e rewa nei te hirahira o tēnei tohu o te tunu kai i te kāinga ki ngā tāngata katoa, huri noa.

KOTAHI RAU PUKAPUKA

"Kia puāwai te aroha ki te reo mā te rau pukapuka."

Ko Kotahi Rau Pukapuka Charitable Trust te waka. Ko te pae tawhiti, kia 100 ngā pukapuka reo Māori ka ū ki uta. E mahi tahi nei mātou ko ngā mātanga o te ao tā pukapuka me ngā mātanga o te reo Māori ki te whakanui ake i ngā pukatā, i ngā pukaoro me ngā pukahiko reo Māori hei pānui, hei whakarongo hoki mā te rangatahi me te pakeke e ngākaunui ana ki te rere o te kupu.

Ko te tūmanako, ka noho tā tātou nei pukapuka 11 hei rauemi reo, hei pukapuka hono i te whānau, i ō koutou nā kāinga, i ngā marae, i ngā kura, i ngā kāuta anō hoki, puta noa i te motu.

Tirohia ā mātou pukapuka katoa i www.kotahiraupukapuka.org.nz

HE RAIHI KOUNGA

E 20–25 meneti

Ka 2–4 ngā tohanga

- Kia 1 te kapu raihi pata roa
- Kia 1½ ngā kapu wai

1.

Raua atu te raihi ki te tātari. Opeopea ki te wai makariri kia purata rā anō.

2.

Meatia atu te raihi me te 1½ kapu wai ki te hōpane.

3.

Pāeratia ki te tārahu wera. Whakahekea te pāmahana kia tūāmahana noa.

4.

Taupokina. Tunua mō te 15 meneti, kia mitia rā anōtia te wai.

5.

Tangohia atu i te tārahu, taupokina, ka waiho ai mō te 5 meneti.

6.

Whiuwhiua te raihi ki te paoka, kia tāhungahunga ai.

HE TŌTĪA PARĀOA

1 hāora

Ka 8

- Kia 2 ngā kapu o tā Edmonds puehu parāoa kounga
- Kia 1/2 o te kokoiti tote
- Kia 3 ngā kokonui hinu
- Tōna 3/4 o te kapu wai mahana
- He puehu parāoa atu anō mō te wā takapapa

1.

Tātarihia te puehu parāoa me te tote. Kōroritia atu te hinu me te wai e rawaka ana kia hua ai he pokenga mohe.

2.

Pokepokea ki tētahi papa kua puehu parāoangia mō te 3 meneti, kia mōhanihani, kia kūtorotoro rā anō.

3.

Hīpokina, ka waiho ai mō te 30 meneti.

4.

Wāwāhia te pokenga kia 8 ngā pōro. Pēhia iho kia kōpae ai te hanga, kia 7½ henemita hoki te nui.

5.

Hīpokina ki te papanga kia mohe tonu ai te pokenga.

6.

Whakamahanatia te parai. Takapapangia te pokenga ki tētahi papa kua puehu parāoangia, kia porohita te hanga, kia 20 henemita hoki te nui. Kia auau anō te kauhurihia.

7.

Tunua ia tōtīa mō te 30-45 hēkona, kia kōura rā anō. Kauhurihia, ka tunu ai i tērā atu taha. Kauhurihia, ka tunu anō ai.

8.

Meatia atu ngā tōtīa ki tētahi pereti mahana. Hīpokina ki te papanga kia mohe tonu ai.

HE PŌHĀ KŌKAU

1 hāora

Ka 450 karamu

- Kia 2/3 o te kapu o tā Edmonds puehu parāoa māori
- He kini tote
- Kia 170 karamu o te pata mātao, kua tapahia hei pōkurukuru, he 1 henemita te nui
- Kia 1 te kokoiti wai rēmana
- Kia 1/2 o te kapu wai mātao

1.

Tātarihia te puehu parāoa me te tote ki tētahi oko. Āpitihia atu te pata. Whiuwhiua kia ūhia paitia ai.

2.

Āpitihia atu te wai rēmana me te wai. Whakaranua ki te māripi kōpuku kia hua ai he pokenga kōkau, ka kōmiri ai ki ngā toi matimati kia hanumi rā anō.

3.

Meatia atu te pokenga ki tētahi papa kua puehu parāoangia, ko te tapa poto e hāngai ana ki a koe. Ahuahungia hei tapawhā hāngai.

4.

Takapapangia te pōhā ki ngā miringa poto kia 1 henemita rā anō te mātotoru. Kia tapawhā hāngai tonu te hanga.

5.

Mākatia te tapawhā hāngai kia toru ōna wāhanga taurite. Whētuihia ake te hautoru o raro, kātahi ka whētui iho i te hautoru o runga, ka hīra ai.

6.

Hurihia te pokenga kia hāngai ai tētahi tapa poto ki a koe.

7.

Kia whā ngā toaitanga o ngā hātepe 4, 5 me te 6, kia poto anō ngā miringa. Kia auau te hiki ake i te takapapa.

8.

I tōna tikanga, kāhore e kitea he wāhi pata. Tākaia ki te pepa kaupare hinu. Whakamātaohia i mua i te whakamahinga.

HE PŌHĀ TĪHI

E 20 meneti

Ka 350 karamu

- Kia 1½ ngā kapu o tā Edmonds puehu parāoa māori
- Kia 1 te kokoiti o tā Edmonds pēkena paura
- Kia ¼ o te kokoiti tote
- He kini pepa pūhahana
- Kia 75 karamu o te pata mātao, kua tapahia hei pōkurukuru, he 1 henemita te nui
- Kia ¾ o te kapu tīhi makue kua kuorotia
- Kia āhua 3 ngā kokonui miraka

Ngā Kai Mōkarakara

1.

Tātarihia atu te puehu parāoa, te pēkena paura, te tote me te pepa pūhahana ki tētahi oko.

2.

Kōmiria atu te pata ki ngā toi matimati, kia tākongakonga rā anō te hanga.

3.

Āpitihia atu te tīhi.

4.

Tāhorotia atu te miraka, ka whakaranu ai ki te māripi kōpuku kia hua ai he pokenga mohe, kāhore hoki i te hāpiapia.

5.

Ahuahungia hei poro tapawhā hāngai.

6.

Tākaia ki te pepa kaupare hinu. Whakamātaohia mō te 10 meneti.

7.

Takapapangia te pōhā ki tētahi papa kua puehu parāoangia, kia 5 mitamano te mātotoru.

8.

Whakamahia ka hiahiatia ana mō te kōpaki mōkarakara, te tāte me te kīhihi.

HE PARĀOA PARAI

$1\frac{3}{4}$ hāora

Ka 4 ngā tohanga

Ngā Kai Mōkarakara

- Kia 2 ngā kapu o tā Edmonds puehu parāoa kounga
- Kia 2 ngā kokonui huka
- Kia 1 te pākete (e 8 karamu) o tā Edmonds īhi horo
- Kia ¾ o te kokoiti tote
- Kia 1 te kapu wai mahana
- Kia 2 ngā kapu o te hinu huawhenua, kanōra rānei, me tētahi wāhi anō hei whakahinuhinu i te paenga

1.

Raua atu te puehu parāoa, te huka, te īhi me te tote ki tētahi oko, ka kōrori ai kia hanumi ai. Āpitihia atu te nuinga o te wai mahana, ka kōrori ai kia hua ai he pokenga mohe. Āpitihia atu he wai atu anō ina hiahiatia.

2.

Pokepokea te pokenga ki tētahi papa kua puehu parāoangia mō te 2 meneti.

3.

Raua atu te pokenga ki tētahi oko kua whakahinuhinutia. Hipokina, ka waiho ai mō te 1 hāora, kia huarua rā anō rānei te tupu.

4.

Whakahinuhinutia te paenga, ka āta takapapa ai i te pokenga ki ō ringa, kia tapawhā ai te hanga, kia āhua 1½ henemita hoki te mātotoru.

5.

Tapahia kia 8 katoa ngā wāhi taurite. Hipokina, ka waiho ai mō te 20 meneti.

6.

Mā kōrua ko tētahi pakeke e whakamahana te hinu. Hoatu te kakau o te koko rākau ki te hinu hei whakamātau i te pāmahana. I tōna tikanga ka rite tonu te pupū haere o te hinu, huri i te kakau. Tukuna te hinu kia wāhi mātao haere, ki te wera rawa.

7.

Āta tukuna ngā wāhi pokenga e 2 ki te hinu, ka tunu ai i ia taha mō tōna 2 meneti, kia pupuhi, kia kōura rā anō. Toaitia ngā mahi nei ki ngā wāhi pokenga e toe ana.

8.

Tukuna te parāoa parai ki ngā tāora pepa kia mitia ai te hinu. Kainga tahitia me ngā kīnaki pai ki a koe, kainga rānei hei kīnaki mō tō kai matua.

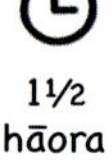

HE PARĀOA TAKUAHI

1½ hāora

Ka 1 te rohi

Ngā Kai Mōkarakara

- Kia 500 ritamano o te wai mahana
- Kia 1½ ngā kokonui o tā Edmonds Īhi oho
- Kia 1½ ngā kokoiti tote
- Kia 1 te kokoiti huka
- Kia 4½ ngā kapu o tā Edmonds puehu parāoa kounga
- He hinu ōriwa me te rau tote
- He tākupu rōhimere me te kāriki kua kōripia rauangitia (he kōwhiringa)

1.

Meatia atu te wai, te īhi, te tote, te huka, me te kokonui puehu parāoa kotahi ki tētahi oko nui.

2.

Kōroritia, hipokina, ka waiho ai mō te 10 meneti.

3.

Āpitihia atu te puehu parāoa e toe ana. Whakaranua kia mōhanihani rā anō.

4.

Hipokina ki te papanga haumākū. Waiho kia tū noa mō te 45 meneti, neke atu rānei.

5.

Whakamahana tōmuatia te umu kia 220° tohurau te pāmahana. Whakahinuhinutia tētahi paetunu, kia nui, kia pāpaku hoki.

6.

Meatia atu te pokenga ki te paetunu. Ki ngā ringa hinuhinu, wherawherahia kia taurite ai.

7.

Whakamāruaruatia te pokenga ki ngā matimati. Ruiruia ki te tote, ki ngā tākupu rōhimere me te kāriki.

8.

Tahia ki te hinu ōriwa ina hiahiatia. Tunua ki te umu mō te 15 meneti kia kōura rā anō.

HE TŌRINO TĪHI ĪHIPANI

E 25 meneti

Ka 20

- TE POKENGA -

- Kia 3 ngā kapu o tā Edmonds puehu parāoa māori
- Kia 4½ ngā kokoiti o tā Edmonds pēkena paura
- Kia ¼ o te kokoiti tote
- Kia 50 karamu o te pata
- Kia 1–1½ ngā kapu miraka

- TE RAUNGA -

- Kia 2 ngā kokonui o te pata rewa
- Kia 2–3 ngā kokonui īhipani (Marmite)
- Kia ¾ o te kapu tīhi kua kuorohia

Ngā Kai Mōkarakara

1.

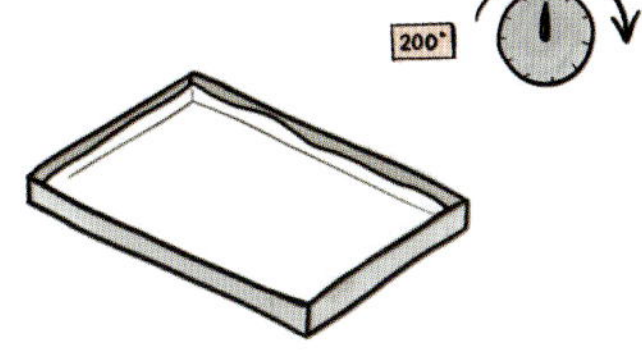

Whakamahana tōmuatia te umu kia 200° tohurau te pāmahana. Whakahinuhinutia tētahi paeumu, ūhia rānei ki te rautunu.

2.

Tātarihia atu te puehu parāoa, te pēkena paura me te tote ki tētahi oko.

3.

Ki ngā toi matimati, kōmiria atu te pata kia kongakonga parāoa kuoro te āhua. Āpitihia atu te miraka.

4.

Kia horo te whakaranu ki te māripi kōpuku kia hua ai he pokenga mohe. Whakawhitihia atu ki tētahi papa kua puehu parāoangia.

5.

Takapapangia te pokenga kia tapawhā ai te hanga, kia 30 henemita te nui. Tahia ki te pata rewa.

6.

Pania atu te īhipani. Taupokina ki te tīhi kuoro. Waiho kia māmore tētahi tāhei ki tētahi tapa.

7.

Pōkaihia hei rango, ka mutu atu ki te tapa māmore. Pēhia iho kia mau ai. Tapahia kia 20 ngā kōripi.

8.

Whakatakotoria ki te paeumu, ko te taha i tapahia e anga whakararo ana. Tunua ki te umu mō te 12 meneti kia kōura rā anō. Tukuna ki te mātiti waea kia mātao haere ai.

E 40 meneti

Ka 30

HE KAKAU TĪHI

- Kia 1 te huanga Pōhā Tīhi (tirohia te whārangi 8)
- Kia 1/8 o te kokoiti puehu mātete
- Kia 1 te hēki, kua koheria

Ngā Kai Mōkarakara

1.

Whakamahana tōmuatia te umu kia 190° tohurau te pāmahana. Whakahinuhinutia tētahi paeumu, ūhia rānei ki te rautunu.

2.

Ka mahia ana te Pōhā Tīhi, āpitihia atu te puehu mātete ki ngā kai whakauru maroke, whakakapia hoki te miraka ki te hēki.

3.

Kia horo te kōrori ki te māripi kōpuku kia mārōrō ai te pokenga.

4.

Tākaia ki te pepa kaupare hinu. Whakamātaohia mō te 10 meneti.

5.

Takapapangia te pokenga ki tētahi papa kua puehu parāoangia, kia 5 mitamano te mātotoru.

6.

Tapahia kia matimati ai te hanga, kia 1 henemita te whānui, kia 5 henemita te roa.

7.

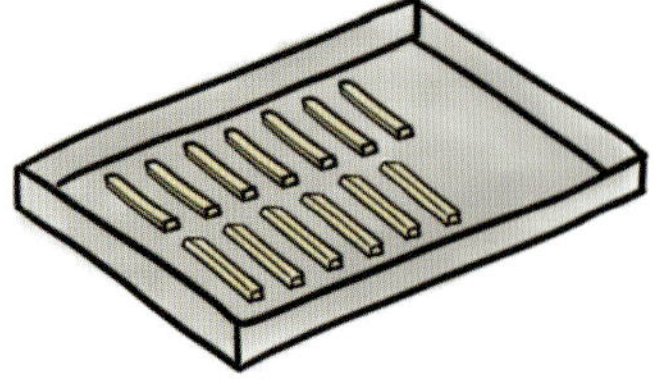

Meatia ngā kakau tīhi ki te paepae tunu kua whakaritea kētia.

8.

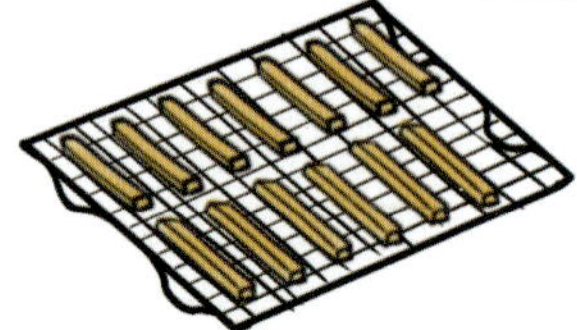

Tunua ki te umu mō te 10 meneti kia tūākōura rā anō. Tukuna ki te mātiti waea kia mātao haere ai.

HE KAO KĀNGA

E 20 meneti

Ka 6 ngā tohanga

- Kia 3/4 o te kapu o tā Edmonds puehu parāoa māori
- Kia 1 te kokoiti o tā Edmonds pēkena paura
- Kia 1/2 o te kokoiti tote
- Kia 1/2 o te kokoiti pepa
- Kia 1 te hēki
- Kia 1 te kēne e 440 karamu o te kānga kirīmi
- Kia 2 ngā kokonui hinu
- He kīnaki tōmato, he kīnaki hirikakā rānei, me te kirīmi moī

1.

Tātarihia atu te puehu parāoa, te pēkena paura, te tote me te pepa ki tētahi oko.

2.

Āpitihia atu te hēki. Whakaranua kia hanumi ai. Kōroritia atu te kānga.

3.

Tukuna ki te taha mō te 10 meneti.

4.

Whakamahanatia te hinu ki tētahi parai. Meatia atu ētahi kokonui ranunga e puhake ana.

5.

Paraihia kia kōura rā anō a raro.

6.

Kauhurihia ki te rapa, ka tunu ai i tērā atu taha.

7.

Whakatūria ki te tāora pepa.

8.

Kainga werahia ki te kīnaki tōmato, kīnaki hirikakā rānei, me tētahi wāhi kirīmi moī.

HE KAO KŪTAI

E 40 meneti

Ka 4 ngā tohanga

- Kia 3 kirokaramu o te kūtai māota, kei rō kota tonu, kua horoia, ko ngā kumikumi kua hīkarotia atu
- Kia 3 ngā hēki, ko te tōhua me te kahu kua whakawehea
- Kia 1 te kapu miraka
- Kia 1 te aniana whero, kua kotikotia rauangitia
- Kia 3 ngā kokonui o te pāhiri rānei, o te koriana rānei kua kotikotia (he kōwhiringa)
- Kia 1 te kapu o tā Edmonds puehu parāoa kounga
- Kia 1 te kokoiti o tā Edmonds pēkena paura
- Kia 1 te kokoiti tote
- Kia ¼ o te kokoiti pepa
- Kia ½ o te kapu hinu huawhenua, o te hinu kanōra rānei
- He kahi rēmana, mō te wā kai (he kōwhiringa)

1.

Pāeratia kia 2½ ngā kapu wai ki tētahi kōhua waitunu nui, ka āpiti atu ai i ngā kūtai.

2.

Mau tonu ana te taupoki, mamaoatia mō tōna 5 meneti, rurea hoki te kōhua kia kotahi, kia rua rānei ngā rurenga, kia puare rā anō ngā kūtai.

3.

Tangohia atu i te tārahu, ka tuku ai kia mātao haere. Whiua ngā kota kīhai i puare. Kōwhāngia te kiko kūtai i ngā kota, ka kotikoti kōkautia ai. Tiakina te wē.

4.

Tāwhiuwhiuhia ngā tōhua, te miraka, me te ¼ o te kapu wē kūtai. Ki oko kē atu, koheria ngā kahu kia tāhungahunga rā anō (ka āhua 3 meneti).

5.

Āpitihia te kiko kūtai, te aniana me ngā rau amiami ki te ranunga tōhua, ka āpiti atu ai i ngā kai whakauru maroke. Āta whētuihia atu ngā kahu.

6.

Ki te parai nui, whakamahanatia te hinu ki te tārahu wawaenga-wera (mā te pakeke koe e āwhina).

7.

Kokohia atu te ranunga ki te parai, ka tunu ai i ia taha mō te 2 meneti, kia kōuraura rā anō rānei.

8.

Toaitia ngā mahi ki te ranunga e toe ana. Tukuna ngā kao ki te tāora pepa kia mitia ai te hinu. Kainga me ngā kahi rēmana hei kīnaki.

HE KŌPAKI PĒKANA ME TE HĒKI

1½ hāora

Ka 6 ngā tohanga

– TE RAUNGA –

- Kia 2 ngā rau o tā Edmonds pōhā aparau, kua koero
- Kia 225 karamu o te pēkana tūpuhi, kua tapahia hei wāhi nui
- Kia 6 ngā hēki, kei te pāmahana rūma
- He tote me te pepa
- He miraka, he hēki kua koheria rānei

1.

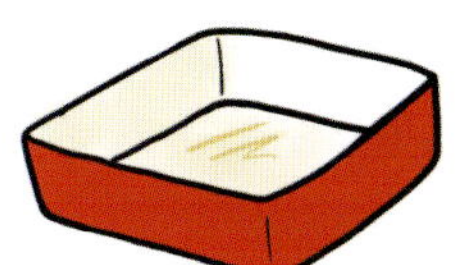

Whakamahana tōmuatia te umu kia 200° tohurau te pāmahana. Whakahinuhinutia tētahi kumete kōpaki tapawhā e pāpaku ana, he 20 henemita te nui.

2.

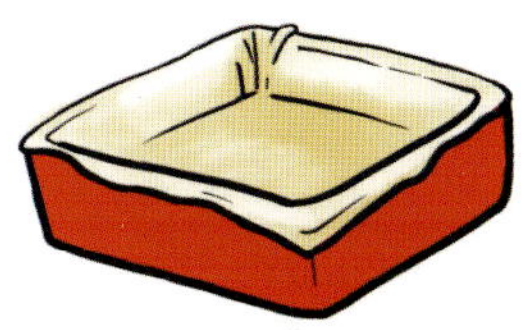

Ūhia te kumete ki te rau pōhā kotahi.

3.

Kia tautika te whakatakotoria o ngā wāhi pēkana ki te papa pōhā. Whatia atu ngā hēki. Āta werohia ngā tōhua.

4.

Whakamakuetia ki te tote me te pepa. Tahia ngā tapa o te pōhā ki te wai.

5.

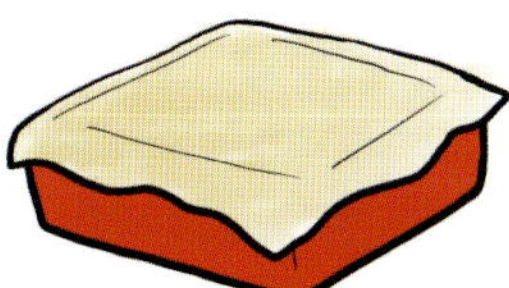

Tīkina ake te rau pōhā tuarua, ka āta whakatakoto ai ki runga ki te raunga. Pēhia tahitia ngā tapa pōhā kia piri pai ai.

6.

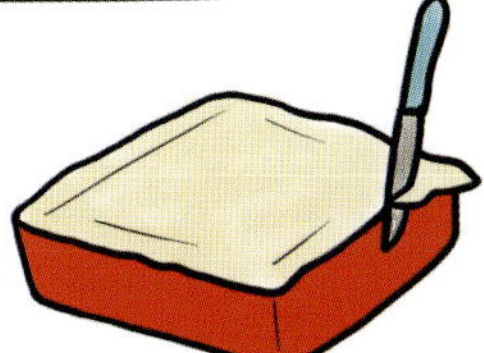

Poroa atu te pōhā tuwhene huri i ngā tapa ki tētahi māripi koi. Whakaputua ēnei, ka takapapa anō ai.

7.

Pokaina ake he rau, he auaha kē atu rānei. Whakapirihia atu ki runga o te kōpaki ki te wai iti noa. Mahia kia rua ngā hahae ki te taupoki.

8.

Tahia ki te miraka, ki tētahi wāhi hēki rānei kua koheria. Tunua ki te umu mō te 30 meneti kia kōuraura rā anō.

HE KŌPAKI MĪTINAKU

E 3 hāora

Ka 9 ngā tohanga

- Kia 1 te aniana, kua kotikotia rauangitia
- Kia 2 ngā wāhi kāriki, kua kōnatunatuhia
- Kia 1 te kokonui hinu
- Kia 500 karamu o te mītinaku kau tūpuhi
- Kia 1½ ngā kokonui o tā Edmonds puehu parāoa māori
- Kia ½ o te kapu waitunu mīti kau
- Kia 2 ngā kokonui o te pē tōmato
- He tote me te pepa
- Kia 1 te rau o tā Edmonds pōhā ngakonui mōkarakara, kua koero
- Kia 1 te rau o tā Edmonds pōhā aparau, kua koero
- Kia 1 te tōhua hēki, kei te pāmahana rūma
- Kia 1 te kokonui wai

Ngā Kai Mōkarakara

1.

Āta paraihia te aniana me te kāriki ki te hinu mō te 15 meneti. Kōroritia kia kōura rā anō te aniana. Āpitihia atu te mītinaku kau.

2.

Whakapikihia te pāmahana. Kia horo te tunutunu, kia maoa, kia tākongakonga rā anō te mīti. Āpitihia atu te puehu parāoa. Kōroritia mō te 30 hēkona.

3.

Kia harangotengote te āpiti atu i te waitunu. Pāeratia. Kia rite tonu te kōrorirori. Āpitihia atu te pē tōmato, te tote me te pepa.

4.

Āta kōhuatia mō te 10 meneti. Tukuna ki te taha kia heke ai te pāmahana.

5.

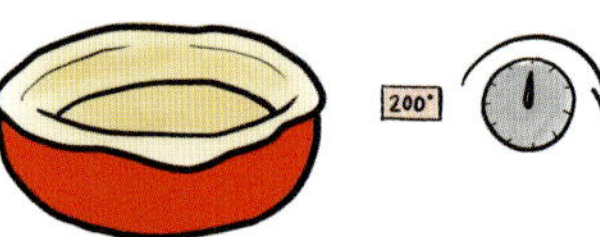

Whakamahanatia te umu kia 200° tohurau. Ūhia tētahi kumete kōpaki e 22 henemita te nui kua whakahinuhinutia ki tētahi rau pōhā ngakonui. Whakamākūtia ngā tapa.

6.

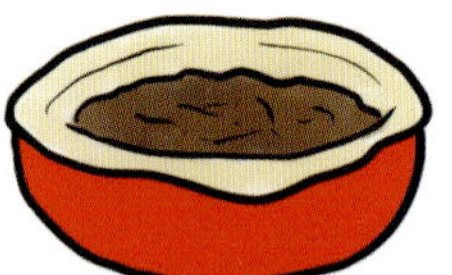

Tīkokoa atu te raunga mīti. Āta whakatakotoria te rau pōhā aparau ki runga ki te raunga. Pēhia tahitia ngā tapa pōhā kia piri pai ai.

7.

Whakahanumitia te tōhua me te wai. Tahia atu ki runga ki te kōpaki. Werohia te taupoki kia rua ngā hahae.

8.

Tunua ki te umu mō te 25 meneti kia kōuraura pai ai.

HE KAI KŌHUA

- Kia 1 te kokonui tote
- Kia 2 kirokaramu o te wheua poaka, o te wheua pēkana rānei, he nui te mīti o runga
- Kia 2 ngā rīwai wawaenga, kua waruwarua, kua tapahia hei pōkurukuru
- Kia 2 ngā kūmara wawaenga, kua waruwarua, kua tapahia hei pōkurukuru
- Kia ½ o te kamokamo, kia 2 rānei ngā kāroti wawaenga
- Kia ½ o te kāpeti iti, kia 750 karamu rānei o te wātarakihi, kua kotikotia

- NGĀ MOTUMOTU -

- Kia 1½ ngā kapu o tā Edmonds puehu parāoa whakarewa, me tētahi wāhi anō mō te wā takapapa
- Kia 1 te kapu o tā Edmonds puehu parāoa kounga
- Kia 1 te kokoiti tote

1.

Pāeratia te 2 rita o te wai ki tētahi kōhua nui. Āpitihia atu te tote (hei aha te tote mēnā e tunua ana te wheua pēkana).

2.

Raua atu ngā wheua. Taupokina, ka āta kōhua ai mō te 1½ hāora. Āpitihia atu he wai anō ki te pāpaku rawa.

3.

Mō ngā motumotu, whakaranua ngā puehu parāoa me te tote ki tētahi kapu wai mahana kia hua ai he pokenga mohe. Wāwāhia, ka ahuahu mai ai i ētahi pōro e 8. Taupokina kia hiahia rā anōtia.

4.

Āpitihia atu ngā huaone ki te kōhua, ka āta tunu tonu ai mō te 5 meneti.

5.

Āpitihia atu ngā hua kākāriki me ngā motumotu ki te kōhua.

6.

Āta pāeratia, ko te taupoki e mau tonu ana, mō te 8–10 meneti, kia nui, kia tāhungahunga rā anō ngā motumotu. Kia pārekareka te kai!

E 40 meneti

Ka 6 ngā tohanga

HE HUPA PAUKENA

Ngā Kai Mōkarakara

- Kia 1 te aniana, kua kotikotia
- Kia 1 te kokonui hinu
- Kia 750 karamu o te paukena, kua waruwarua, kua kotikotia anō
- Kia 1 te rīwai nui, kua waruwarua, kua kotikotia anō
- Kia 4 ngā kapu o te waitunu huawhenua
- He tote me te pepa
- He kini natimeke

1.

Ki tētahi kōhua nui, āta tunua te aniana ki te hinu mō te 10 meneti, kia piari rā anō.

2.

Āpitihia atu te paukena, te rīwai me te waitunu.

3.

Āta pāeratia.

4.

Taupokina tētahi wāhanga. Āta tunua mō te 20 meneti, kia mohe rā anō ngā huawhenua.

5.

Tangohia tētahi ½ o te kapu wē, ka waiho ai ki te taha.

6.

Kotēngia te hupa ki te whakahanumi.

7.

Āpitihia atu te waitunu i tiakina ki te hiahia kia waiwai ake te hupa.

8.

Whakamakuetia ki te tote, ki te pepa me te natimeke, ka kai ai.

HE HUPA KIHU MĪTI KAU

E 20 meneti

Ka 2 ngā tohanga

- He pākete 150 karamu o te kihu hēki
- Kia 1 te kapu waitunu mīti kau
- Kia 1 te korepe mīti kau, kua kārawarawahia
- Kia 1 te tōmato, kua tapahi tauritetia
- Kia 1 te kamoriki, kua tapahi tauritetia
- Kia 3-4 ngā harore pātene, kua kōripia
- He wairanu ika, ki tāu i pai ai
- He kīnaki hirikakā reka, ki tāu i pai ai
- He kahi rēmana
- He rau amiami māota kua kotikotia, pēnei i te koriana me te hīoi

1.

Tunua ngā kihu hēki e ai ki ngā tohutohu i te pākete. Riringihia atu te wai, ka whakataha ai i ngā kihu.

2.

Raua atu te waitunu mīti kau ki te hōpane, ka meatia atu ai ki te tārahu wawaenga-wera.

3.

Pāeratia. Tukuna te korepe mīti kau ki te waitunu korohuhū.

4.

Āpitihia atu te tōmato, te kamoriki me ngā harore. Tunua mō te 8-10 meneti.

5.

Whakarehua ki te wairanu ika me te kīnaki hirikakā reka ki tāu i pai ai. Kia 1 te kokoiti o ia momo hei tīmatanga.

6.

Tae ana ki te wā kai, hoatu ngā kihu hēki ki roto.

7.

Kōroritia kia hanumi ai.

8.

Raua atu ki tētahi oko kai. Āpitihia atu he wāhi wai rēmana me ētahi rau amiami māota kua kotikotia.

HE KĪHIHI PŌHĀ KORE

- Kia 3 ngā hēki, kei te pāmahana rūma
- Kia ½ o te kapu o tā Edmonds puehu parāoa whakarewa
- Kia 1 te kapu o te tīhi tiera moī, kua kuorotia
- Kia 1 te kokonui hinu
- Kia 1½ ngā kapu miraka
- Kia 1 te aniana, kua kotikotia rauangitia
- Kia 2 ngā kōripi pēkana, ko te hiako kua tangohia atu, kua kotikotia (he kōwhiringa)
- He pāhiri kua kotikotia, he kānga, he harore kua kōripia (he kōwhiringa)

1.

Whakamahana tōmuatia te umu kia 180° tohurau te pāmahana. Whakahinuhinutia tētahi kumete kīhihi. Hoatu ki te umu kia whakamahanatia ai.

2.

Meatia atu ngā kai whakauru katoa (atu i ngā mea hei kōwhiringa pēnei i te pēkana) ki tētahi oko nui.

3.

Kia kaha te tāwhiuwhiu mō te 1 meneti.

4.

Tāhorotia atu ki te kumete kīhihi kua oti kē i a koe te whakamahana me te whakahinuhinu. Āpitihia atu te pēkana mēnā e whakamahia ana.

5.

Āpitihia atu ētahi kokonui o ngā huawhenua kua kotikotia, mēnā e whakamahia ana.

6.

Hoatu ki te umu, ka tunu ai mō te 45 meneti.

HE TŌHI KIHU PARĀOA ME TE TĪHI

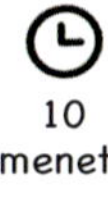

10 meneti

Ka 2 ngā tohanga

- Kia 1 te māwhena whakawehe
- Kia 2 ngā kokoiti pata
- Kia 4-6 ngā kokonui o te kihu parāoa i te kēne
- Kia 4 ngā kokonui o te tīhi kua kuorotia
- Kia 4 ngā kokonui pēkana, poaka wāmu rānei kua kotikotia rauangitia (he kōwhiringa)

1.

Whakamahanatia te rorerore umu.

2.

Wāhi whakatōhingia ngā haurua māwhena ki te whakatōhi. Meatia atu ki tētahi paeumu.

3.

Pania ia haurua ki te kokoiti pata kotahi.

4.

Pania ia haurua māwhena ki ngā kokonui e 2-3 o te kihu parāoa i te kēne.

5.

Taupokina ki te tīhi kua kuorotia.

6.

Āpitihia atu te pēkana, te poaka wāmu rānei mēnā e whakamahia ana.

7.

Hoatu ki raro iho i te rorerore umu, ka āta mātaki atu ai, kia kore ai e hīwera.

8.

Ka rewa ana te tīhi, hoatu ki te pereti, ka kai.

E 20 meneti

Ka 4-6 ngā tohanga

HE PARĀOA RIMURAPA ME TE HARĀMI I TE UMU

- Kia 375 karamu o te parāoa rimurapa – he tōrino, he tuaka rānei
- Kia 2 ngā kokonui o te hinu ōriwa
- Kia 1 te aniana wawaenga, kua kotikotia rauangitia
- Kia 1 te kēne e 400 karamu o te tōmato Itāriana makue
- Kia 150 karamu o te harāmi Itāriana, kua tapahia hei pōkurukuru
- Kia ½ o te kapu pāhiri, kua kotikotia rauangitia (he kōwhiringa)
- Kia 200 karamu o te tīhi Ētama, kua tapahia tauritetia
- He tote me te pepa
- Kia ½ o te kapu tīhi Pāmihana kua kuorotia, mō runga

1.

Tunua te parāoa rimurapa e ai ki ngā tohutohu i te pākete. Riringihia atu te wai, ka waiho ai te parāoa rimurapa ki te taha.

2.

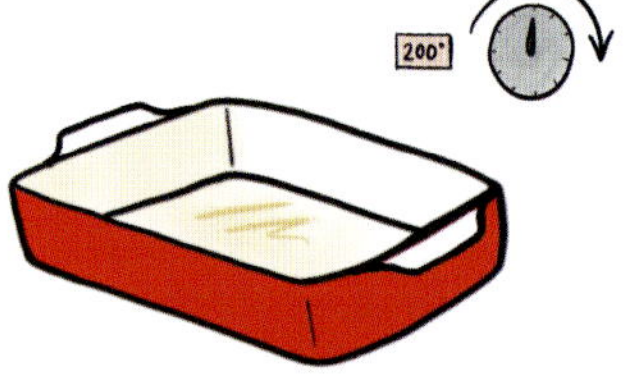

Whakamahana tōmuatia te umu kia 200° tohurau te pāmahana. Whakahinuhinutia tētahi kumete.

3.

Whakamahanatia te hinu ki te tārahu mahana. Tunua te aniana mō te 5 meneti.

4.

Tāhorotia atu te parāoa rimurapa ki te kumete.

5.

Āpitihia atu ngā tōmato, te harāmi, te aniana, te pāhiri me te tīhi Ētama.

6.

Whakamakuetia ki te tote me te pepa, ka āta whakahanumi ai.

7.

Taupokina ki te tīhi Pāmihana kua kuorotia.

8.

Tunua ki te umu mō te 20 meneti.

HE TĪKOHU PARĀOA ME TE TĪHI

1 hāora

Ka 4 ngā tohanga

- Kia 2 ngā kokonui pata
- Kia ½ o te kokoiti puehu mātete
- Kia 2 ngā kapu o te tīhi makue kua kuorotia
- Kia 1 te aniana, kua kotikotia rauangitia
- Kia 2 ngā kokonui o tā Edmonds puehu parāoa māori
- Kia 2 ngā kapu miraka, kua whakamahanatia
- He tote me te pepa
- Kia 2 ngā kapu tīkohu parāoa, kua maoa
- Kia 2 ngā kokonui o te kongakonga parāoa maroke

1.

Whakamahana tōmuatia te umu kia 190°C tohurau te pāmahana. Whakarewaina te pata ki te hōpane. Āpitihia atu te aniana.

2.

Āta tunua mō te 10 meneti, kia piari rā anō te aniana. Āpitihia atu te puehu parāoa.

3.

Āta kōroritia kia huhuka rā anō. Āpitihia atu te mātete. Tangohia atu i te tārahu.

4.

Kia harangotengote te āpiti atu i te miraka wera, kia wāhi iti i ia wā, kia rite tonu hoki te kōrori.

5.

Whakahokia atu ki te tārahu. Kōroritia kia korohuhū rā anō te wairanu, kia kukū haere anō ai. Tangohia atu i te tārahu.

6.

Whakamakuetia ki te tote me te pepa. Āpitihia atu tētahi haurua o te tīhi kua kuorotia, me te katoa o te tīkohu parāoa.

7.

Meatia atu ki tētahi paeumu. Ruiruia atu ngā kongakonga parāoa me te tīhi kua kuorotia e toe tonu ana.

8.

Tunua ki te umu mō te 20 meneti, kia kōura rā anō, kia wera pai anō te katoa.

HE KIHU PARĀOA ME TE PŌRO MĪTI

- Kia 400 karamu o te kihu parāoa, kua tunua e ai ki ngā tohutohu i te pākete

- TE WAIRANU TŌMATO -

- Kia 1 te aniana, kua kotikotia
- Kia 4 ngā kokonui o te hinu ōriwa
- Kia 1 te kēne e 400 karamu o te tōmato i rō wai tōmato
- He tote me te pepa
- Kia 1/4 o te kokoiti huka

- NGĀ PŌRO MĪTI -

- Kia 450 karamu o te mītinaku kau tūpuhi
- Kia 1 te aniana, kua kotikotia rauangitia
- Kia 1/2 o te kapu kongakonga parāoa mohe
- Kia 1 te hēki
- Kia 1 te wāhi kāriki, kua kōnatunatuhia

1.

Āta tunua te aniana ki te hinu mō te 10 meneti, kia piari rā anō.

2.

Āpitihia atu ngā tōmato, te tote, te pepa me te huka. Āta kōhuatia mō te 20 meneti, ko te taupoki kua unuhia.

3.

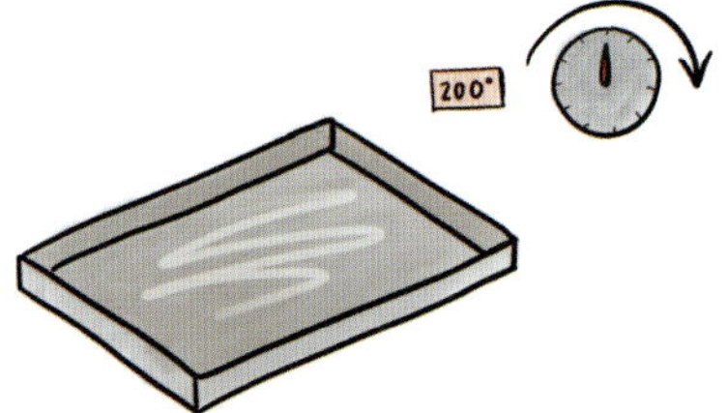

Whakamahana tōmuatia te umu kia 200° tohurau te pāmahana. Whakahinuhinutia tētahi paeumu.

4.

Whakahanumitia ngā kai whakauru katoa mō ngā pōro mīti. Whakaranua paitia ki ō ringa.

5.

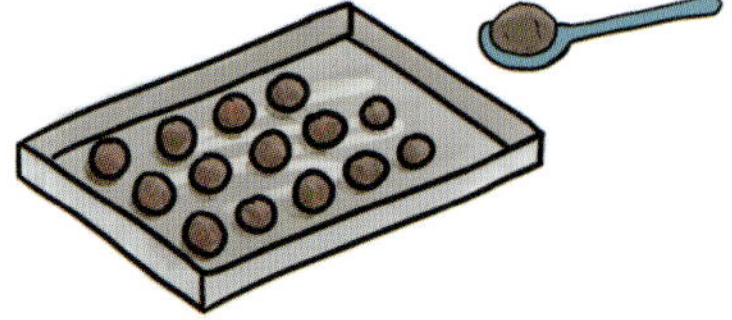

Tīkokoa tētahi kokonui o te ranunga, ka ahuahu ai hei pōro. Meatia atu ki te paeumu, ka tunu ai ki te umu mō te 8-10 meneti.

6.

Kainga tahitia ngā pōro mīti wera ki te wairanu kua whakamahanatia anō, me te kihu parāoa maoa.

HE PARĀOA RIMURAPA HARORE ME TE PĒKANA

E 30 meneti

Ka 4–6 ngā tohanga

- Kia 1 te aniana iti-wawaenga, kua kotikotia
- Kia 3 ngā wāhi kāriki, kua kōnatunatuhia
- Kia 2 ngā kokonui hinu ōriwa
- Kia 400 karamu o te parāoa rimurapa tuaka
- Kia 1 te kokoiti tāima maroke, kia 3 rānei ngā kokoiti tāima māota kua kotikotia
- Kia 2–3 ngā kōripi pēkana tūpuhi (ko te hiako kua tangohia atu) kua kotikotia
- Kia 3 ngā kapu harore kua kotikotia
- Kia 250 karamu o te kirīmi moī matū
- He pepa

1.

Tahuwhitia te aniana me te kāriki ki te hinu mō te 5 meneti ki te tārahu mahana.

2.

Tunua te parāoa rimurapa e ai ki ngā tohutohu i te pākete. Riringihia atu te wai, ka waiho ai te parāoa rimurapa ki te taha.

3.

Raua atu te tāima ki te parai. Tunua mō te 1–2 meneti.

4.

Āpitihia atu te pēkana, kōroritia, ka tahuwhiti ai mō ētahi meneti ruarua anō.

5.

Raua atu ngā harore kua kotikotia, ka tunu ai kia mohe rā anō.

6.

Whakaranua atu te kirīmi moī matū. Whakamakuetia ki te pepa. Āpitihia atu te parāoa rimurapa maoa.

E 30 meneti

Ka 3 ngā tohanga

HE RAIHI RIHOTO

- Kia 1 te aniana, kua kotikotia rauangitia
- Kia 2 ngā wāhi kāriki, kua kotikotia rauangitia
- Kia 3 ngā kokonui hinu ōriwa
- Kia 30 karamu o te pata
- Kia 750 ritamano o te waitunu, o te wai rānei
- Kia 1 te kapu raihi rihoto
- Kia 250 karamu o te tōmato māota, o te tōmato i te kēne rānei, kua kotikotia
- He tote me te pepa
- Kia 3 ngā kokonui o te tīhi Pāmihana kua kuorotia
- Kia 1 te kokonui pata, hei āpitihanga

Ngā Kai Mōkarakara

1.

Tunua te aniana me te kāriki ki te hinu me te pata mō te 10 meneti.

2.

Tāhorotia atu te waitunu, te wai rānei ki tētahi hōpane. Āta kōhuatia.

3.

Āpitihia atu te raihi ki te aniana. Āta kōroritia kia ūhia katoatia ai ia pata ki te hinu.

4.

Āpitihia atu ngā tōmato me tētahi kōtutu o te waitunu, o te wai wera rānei.

5.

Kia rite tonu te kōrorirori mō te 20 meneti, kia taurite ai te tunua o te raihi.

6.

Āpitihia atu tētahi kōtutu waitunu ka maroke haere ana te raihi. Kia noho tonu atu ki te tārahu wawaenga.

7.

Kia mitia katoatia te waitunu, kia kirīmi hoki te hanga o te raihi, whakamakuetia ki te tote me te pepa.

8.

Āpitihia atu te tīhi Pāmihana me te pata āpiti. Kōroritia. Tāhorotia atu ki tētahi kumete mahana.

HE ŌPŪRAU HEIHEI PĪNATI

1 hāora

Ka 4–6 ngā tohanga

- Kia 12 ngā pūrau rākau (tōna 8 henemita te roa)
- Kia 1/4 o te kapu wairanu hoi
- Kia 2 ngā kokonui mīere
- Kia 2 ngā kokonui wai rēmana
- Kia 1 te kokonui hinu kanōra
- Kia 4 ngā uma heihei, kua tapahia hei mataono e 2 henemita te nui
- Kia 2 ngā kapikama whero, kua tapahia hei mataono 1½ henemita te nui.
- Kia 24 ngā pōkurukuru paināporo
- He raihi maoa, mō te wā kai (tirohia te whārangi 5)

– TE WAIRANU PĪNATI –

- Kia 1 te aniana iti, kua kotikotia rauangitia
- Kia 1 te kokoiti hinu kanōra
- Kia 1 te kapu o te pata pīnati pakepakē
- Kia 3/4 o te kapu miraka niu
- Kia 1 te kokonui o te kīnaki hirikakā reka (he kōwhiringa)

1.

Waiwaitia ngā pūrau ki te wai mātao mō te 30 meneti (kia kore ai e hīwera).

2.

Whakahanumitia te wairanu hoi, te mīere, te wai rēmana me te hinu. Āpitihia atu te heihei.

3.

Kōroritia, hipokina, ka whakamātao ai mō te 1 hāora.

4.

Mō te wairanu pīnati, tunua te aniana ki te hinu mō te 4-5 meneti. Āpitihia atu te pata pīnati, te miraka niu me te kīnaki hirikakā, mēnā e whakamahia ana. Kōroritia ki te tārahu mahana mō te 3-4 meneti.

5.

Whakamahanatia te rorerore umu. Werohia atu te heihei, te kapikama me te paināporo ki ngā pūrau. Whakatakotongia ki te paeumu, ki te paparanga kotahi.

6.

Rorerorertia mō te 8 meneti, kia auau anō te kauhurihia. Kainga tahitia ki te raihi me te wairanu pīnati. Ka taea hoki ēnei te tao ki te rorerore o waho.

E 45 meneti

Ka 4 ngā tohanga

Ngā Kai Mōkarakara

HE TĀKAI TŌTĪA HEIHEI

- TE WAIRANU TŌMATO -

- Kia 2 ngā kokonui hinu huawhenua
- Kia 450 karamu tōmato, kua hauruatia
- Kia 1 te wāhi kāriki, kua kotikotia rauangitia
- Kia ½ o te kokoiti nehu hirikakā
- Kia ½ o te kokoiti tote
- Kia ½ o te kapu kirīmi moī, kei te pāmahana rūma

- NGĀ TĀKAI TŌTĪA -

- Kia 2 ngā kokonui hinu
- Kia 8 ngā Tōtīa Parāoa (tirohia te whārangi 6)
- Kia 1½ ngā kapu o te heihei maoa kua ngakungaku
- Kia 1 te aniana, kua kotikotia rauangitia
- Kia ¾ o te kapu tīhi makue kua kuorotia
- Kia 1 te kokonui o te pāhiri, o te koriana rānei, kua kotikotia

1.

Āpitihia te hinu ki te parai, ka tunu ai i ngā tōmato. Me anga whakararo te taha i tapahia, ā, kia kotahi noa te kauhurihanga. Tunua kia wāhi hunuhunu rā anō te kiri, kia mohe anō te kiko.

2.

Kotēngia ngā tōmato, te kāriki me te nehu hirikakā ki tētahi whakahanumi. Whakahokia atu ki te parai. Āta tunua ki te hinu mō te 5 meneti kia kukū rā anō.

3.

Āpitihia atu te tote. Kōroritia atu te kirimī moī. Āta whakamahanatia; kei tuku kia korohuhū. Whakamahanatia te umu kia 180° tohurau te pāmahana.

4.

Mō ngā tākai tōtīā, whakamahanatia te hinu ki tētahi parai, ka parai ai i ia tōtīa mō te 15 hēkona i ia taha.

5.

Toua ia tōtīa ki te wairanu tōmato. Tukuna te wairanu tuwhene kia māturu atu. Meatia ia tōtīa ki tētahi pereti. Ūhia ki ngā kokonui heihei ngakungaku e rua.

6.

Ruia ki ngā wāhi aniana, pōkaitia, ka whakatakoto piritaha ai ki tētahi paeumu. Kia takatū ki te pē o ō ringa!

7.

Tāhorotia atu te wairanu tōmato e toe ana ki runga ki ngā tōtīa. Ruiruia ki te tīhi kua kuorotia.

8.

Tunua ki te umu mō te 10 meneti kia mahana ai, kia rewa ai hoki te tīhi. Ruia ki ngā rau amiami kua kotikotia.

HE WĀHI HEIHEI WHAKAPŪKARA

1¾ hāora

Ka 6 ngā tohanga

- Kia 3 ngā wāhi kāriki, kua kōnatunatuhia
- Kia 3 ngā kokonui wairanu hoi
- Kia 2 ngā kokonui mīere waiwai
- He pepa
- Kia 1 te kokonui kīnaki tōmato
- Kia 1 te kokonui o te tinitia māota kua kuorotia
- Kia 500 karamu o te wāhi heihei, o te pākau heihei rānei
- Kia 2 ngā kokonui kano hehame

1.

Whakahanumitia te kāriki, te wairanu hoi, te mīere, te pepa, te kīnaki tōmato me te tinitia.

2.

Tāhorotia atu ki runga ki te heihei i tētahi kumete pāpaku, ka hīpoki ai.

3.

Whakamātaohia mō te 1 hāora.

4.

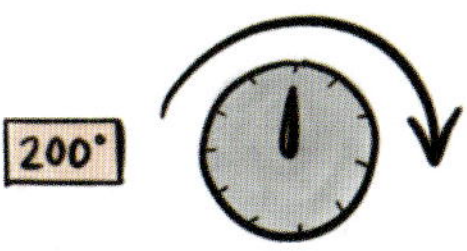

Whakamahana tōmuatia te umu, kia 200° tohurau te pāmahana.

5.

Ūhia tētahi paeumu pāpaku ki te rautunu.

6.

Meatia ngā wāhi heihei ki te paeumu. Ruiruia ki te kano hehame.

7.

Tunua ki te umu mō te 30–35 meneti, kia pakapaka, kia kōura rā anō.

8.

Kainga weratia.

1½ hāora

Ka 6 ngā tohanga

HE RATATUIA

- Kia 1 te aniana, kua kōripia
- Kia 1 te otahua, kua tapahi mataonotia
- Kia 2 ngā kapikama whero, kua kārawarawahia
- Kia 3 ngā kamoriki, kua tapahia hei porohita
- Kia 4 ngā tōmato, kua kōripia
- Kia ¼ o te kapu hinu ōriwa
- He tote me te pepa
- Kia 6 ngā wāhi kāriki, kua waruwarua

Ngā Kai Mōkarakara

1.

Whakapapahia atu ngā huawhenua ki tētahi hōpane hōhonu e ai ki te raupapatanga o te rārangi kai whakauru.

2.

Āpitihia atu he wāhi hinu ōriwa, he tote me te pepa ki ia paparanga i a koe e mahi ana.

3.

Hoatu ngā wāhi kāriki ki waenga i ngā paparanga.

4.

Tunua ki te tārahu tūāmahana, ko te taupoki e mau ana, mō te 1 hāora, ka unu ai i te taupoki kia whakaeto ai te wē tuwhene.

- KUPU ĀPITI 1 -

Ka āhei tō panoni i te nui o te huawhenua e ai ki tāu i pai ai.

- KUPU ĀPITI 2 -

Ehara i te mea me whai kamoriki rawa, engari me mātua whai tōmato te ratatuia!

HE HUAWHENUA PARANGUNU

E 45 meneti

Ka 4–6 ngā tohanga

- Kia 4–6 ngā rīwai, kua waruwarua, kua tapahi mataonotia
- Kia 4–6 ngā kūmara, kua waruwarua, kua tapahi mataonotia
- He hinu ōriwa
- He tote me te pepa
- Kia 4 ngā wāhi kāriki, ko te kiri e mau tonu ana
- Kia 2–4 ngā tākupu rōhimere māota

1.

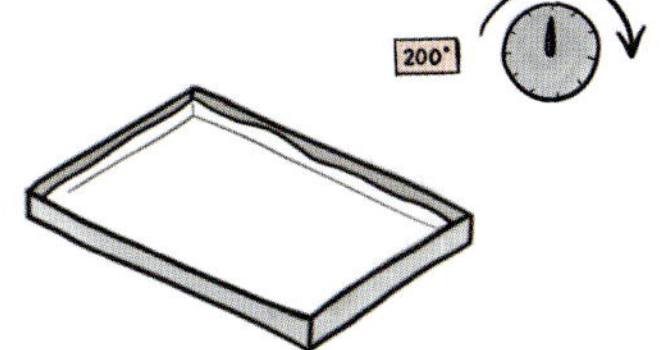

Whakamahana tōmuatia te umu kia 200° tohurau te pāmahana. Ūhia tētahi paeumu ki te rautunu.

2.

Raua atu ngā rīwai me ngā kūmara ki tētahi oko nui e pai ana mō te ngaruiti. (Kei āpiti atu i te wē.)

3.

Hipokina ki te tākai kirihou. Tunua ki te ngaruiti, ki te pae kaha, mō te 10 meneti.

4.

Meatia atu ngā rīwai me ngā kūmara ki te paeumu kua whakaritea kētia. Whakamāturutia ki te hinu ōriwa.

5.

Ruiruia ki te tote me te pepa.

6.

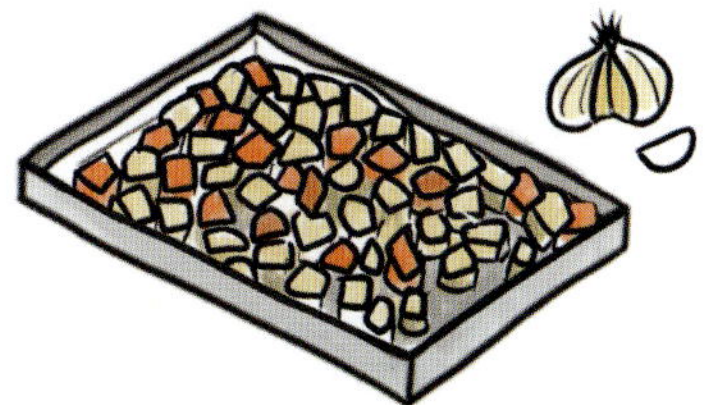

Raua atu ngā wāhi kāriki.

7.

Tīhorea ngā rau rōhimere i te tā. Horahia atu ki runga ki ngā huwhenua.

8.

Tunua ki te umu mō te 20 meneti, kia kōura rā ano.

HE RĪWAI UHI PAKAPAKA

E 2 hāora

Ka 4 ngā tohanga

- Kia 50 karamu o te pata
- Kia 2 ngā wāhi kāriki, kua kōnatunatuhia
- Kia 300 ritamano o te kirīmi, o te miraka tikitū rānei
- Kia 500 karamu o te rīwai wākihi, kua waruwarua, kua waruwarua, kua kōripia rauangitia
- He tote me te pepa

1.

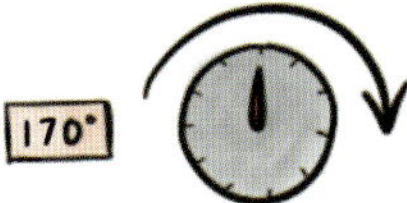

Whakamahana tōmuatia te umu kia 170° tohurau te pāmahana.

2.

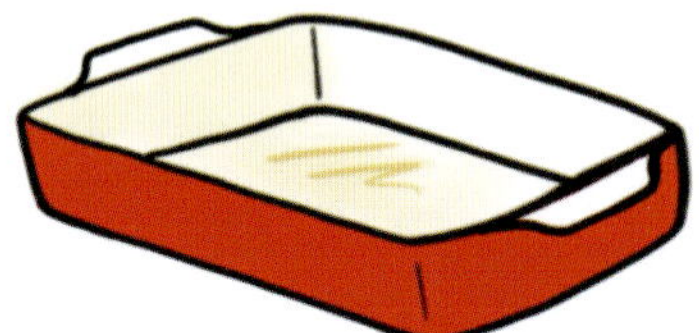

Whakahinuhinutia tētahi paeumu pāpaku ki te pata.

3.

Whakamahanatia te kāriki me te kirīmi ki tētahi hōpane kia tata rā anō te korohuhū ake.

4.

Whakatakoto whakapapahia ngā rīwai ki te paeumu.

5.

Whakamakuetia ia paparanga ki te tote me te pepa.

6.

Tāhorotia atu te kirīmi.

7.

Tunua ki te umu mō te 1½ hāora.

8.

Whakapikihia te pāmahana ki te 200° tohurau mō te 10 meneti, kia kōura rā anō te uhi pakapaka.

HE KAREPARĀOA TĪHI

E 40 meneti

Ka 6 ngā tohanga

Ngā Kai Mōkarakara

- Kia 1 te kareparāoa, kua wāwāhia hei pua nui
- Kia 25 karamu o te pata
- Kia 2 ngā kokonui o tā Edmonds puehu parāoa māori
- Kia 2 ngā kapu miraka, kua whakamahanatia
- Kia ¾ o te kapu tīhi makue kua kuorotia
- He tote me te pepa mā
- Kia ½ o te kokoiti mātete Tīhona (he kōwhiringa)

1.

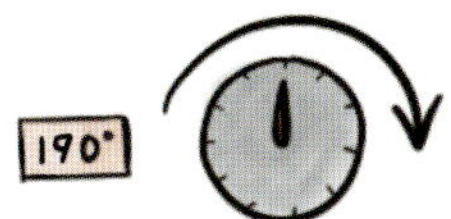

Whakamahana tōmuatia te umu kia 190° tohurau te pāmahana.

2.

Mamaoatia te kareparāoa, pāeratia rānei kia tīmata rā anō te tūāngaore haere. I tōna tikanga, ka wāhi pakepakē tonu. Riringihia katoatia atu te wai.

3.

Whakarewaina te pata ki tētahi hōpane. Kōroritia atu te puehu parāoa. Tunua kia huhuka rā anō.

4.

Tangohia mai i te tārahu. Kia harangotengote te āpiti atu i te miraka wera, nōu e kōrori tonu ana.

5.

Whakahokia atu ki te tārahu. Āta tunua, ka kōrori tonu ai kia korohūhū rā anō, kia kukū anō hoki te wairanu.

6.

Tangohia mai i te tārahu. Āpitihia atu te ½ o te kapu tīhi, te tote me te pepa, ā, me te mātete, mēnā e whakamahia ana.

7.

Meatia atu te kareparāoa ki tētahi paeumu. Tāhorotia atu te wairanu. Ruiruia ki ngā toenga tīhi.

8.

Tunua ki te umu mō te 20 meneti, kia kōura rā anō.

1½ hāora

Ka 4–6 ngā tohanga

HE PAE HEPĀRA

Ngā Kai Mōkarakara

– TE RAUNGA –

- Kia 1 te aniana, kua kotikotia
- Kia 1 te kokonui hinu
- Kia 500 karamu o te mītinaku rēme tūpuhi
- Kia 2 ngā kokonui o tā Edmonds puehu parāoa māori
- Kia 1 te kokonui pē tōmato
- Kia ¾ o te kapu waitunu mīti kau
- Kia 1 te kokonui kīnaki tiatini, rērihi rānei

– MŌ RUNGA –

- Kia 3 ngā rīwai nui, kua waruwarua, kua kotikotia anō
- Kia 50 karamu o te pata
- Kia 1 te kokonui o te aniana kua kotikotia rauangitia
- He tote me te pepa
- Kia ½ o te kapu tīhi makue kua kuorotia

1.

Āta tunua te aniana ki te hinu mō te 10 meneti. Kōroritia i ōna wā, kia piari rā anō.

2.

Āpitihia atu te mītinaku. Kia rite tonu te kōrorirori, kia tūāparauri ai. Āpitihia atu te puehu parāoa. Kōroritia mō te 1 meneti.

3.

Āpitihia atu te pē tōmato, te waitunu, me te kīnaki tiatini, rērihi rānei. Āta kōhuatia mō te 15–20 meneti.

4.

Pāeratia ngā rīwai kia tūāngohe rā anō. Riringihia atu te wai, ka whakahoki ai i ngā rīwai ki te hōpane.

5.

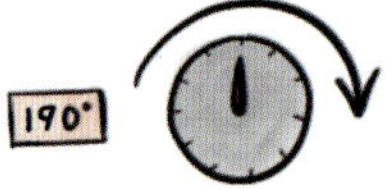

Whakamahana tōmuatia te umu kia 190° tohurau te pāmahana.

6.

Penupenua ngā rīwai ki te pata, te aniana, te tote, te pepa me tētahi haurua o te tīhi kuoro, kia hanga kirīmi rā anō.

7.

Meatia te mītinaku ki tētahi paeumu. Taupokina ki te rīwai penupenu. Ruia ki ngā toenga tīhi.

8.

Tunua ki te umu mō te 20 meneti kia pakapaka, otirā, kia kōura rā anō a runga.

HE HŌTITI ME TE PENUPENU

E 45 meneti

Ka 4–6 ngā tohanga

- Kia 3 ngā rīwai wawaenga, kua waruwarua, kua hauwhāngia anō
- Kia 8 ngā hōtiti
- Kia 1 te kokonui hinu kanōra
- He wāhi pata iti
- Kia 2 ngā kokonui miraka
- He tote me te pepa mā
- Kia ¾ o te kapu tīhi makue kua kuorotia

1.

Pāeratia ngā rīwai mō te 20 meneti.

2.

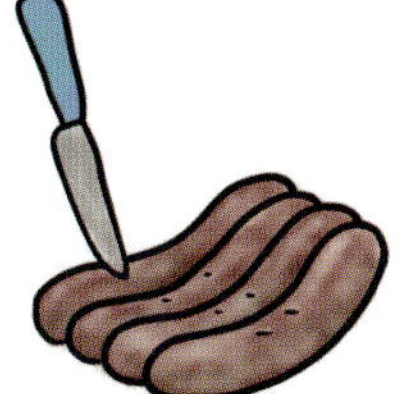

Ki te toi o tētahi māripi koi, āta werohia nga hōtiti ki ngā werohanga e rua.

3.

Tunua ngā hōtiti ki te parai me te wāhi hinu, tūnua rānei ki te rorerore o waho, ki te rorerore umu rānei.

4.

Riringitia atu te wai i ngā rīwai. Penupenua ki te pata, te miraka, te tote me te pepa.

5.

Āta mahia he hahae, kia 1 henemita te hohonu, ki te roanga o ia hōtiti.

6.

Whakamahana tōmuatia te rorerore umu. Purua atu te rīwai penupenu ki ngā hahae.

7.

Whakatakotoria piritahatia ngā hōtiti, ko te rīwai e anga whakarunga ana, ki tētahi paeumu pāpaku.

8.

Ruiruia ki te tīhi. Tunua ki te rorerore umu mō te 2–3 meneti kia rewa, otirā, kia pupū rā anō te tīhi.

1 hāora

Ka 24

HE TĀKAI NIKO

Ngā Kai Mōkarakara

- TE RAUNGA -

- Kia 1 te kapu o te kāpeti kua kārawarawahia
- Kia 200 karamu o te mītinaku poaka
- Kia 1 te kokoiti o te tinitia kōnatunatu
- Kia ½ o te kokoiti kāriki kōnatunatu
- Kia 2 ngā kokonui wairanu hoi
- Kia 2 ngā kokoiti hinu hehame
- Kia 1 te kokoiti wairanu ika
- Kia 24 ngā tākai
- Kia 2 ngā kokonui hinu huawhenua

- TE WAIRANU TOUTOU -

- Kia 4 ngā kokonui o te winika waina raihi
- Kia 1 te kokoiti hinu hehame
- Kia 3 ngā kokonui wairanu hoi

1.

Whakakotahingia ngā kai whakauru mō te raunga ki tētahi oko, ka whakahanumi ai ki ō ringaringa.

2.

Meatia atu tētahi kokoiti o te raunga ki te puku tonu o tētahi tākai.

3.

Whakamākūkūtia tētahi matimati ki te wai māori, ka huri haere ai i te tapa o te tākai.

4.

Kinikinitia te tākai kia piri pai ai ngā tapa. Toaitia kia pau katoa te raunga.

5.

Whakamahanatia te hinu huawhenua ki te parai, ka āpiti atu ai i ngā tākai niko me tētahi kapu wai. Taupokina, ka tunu ai kia mitia katoatia te wai i te parai.

6.

Whakahanumitia ngā kai whakauru mō te wairanu toutou ki tētahi oko. Kainga tahitia ki ngā tākai niko.

HE PŌKAI RAIHI

E 30 meneti

Ka 35

- Kia 1/3 o te kapu huka
- Kia 1/3 o te kapu winika waina raihi
- Kia 1 te kokonui tote
- Kia 2 ngā kapu raihi pata poto, kua maoa
- Kia 7 ngā rau nori hunuhunu
- He wairanu hoi, he pē wahapi, he tinitia pīkara, mō te wā kai (he kōwhiringa)

- NGĀ MOMO RAUNGA -

- He tinitia pīkara, he kūkama roa me te kapikama whero
- He hāmana wāmu, he kūkama roa me te kapikama kōwhai
- He kāroti, he kūkama roa me te kapikama whero
- He heihei wāmu, he kūkama roa me te kapikama whero

Ngā Kai Mōkarakara

1.

Whakahanumitia te huka, te winika me te tote. Kia harangotengote te āpiti atu ki te raihi maoa wera, ka whiuwhiu ai ki te paoka.

2.

Hipokina. Tukuna ki te taha mō te 10 meneti, kia wāhi mātao ai.

3.

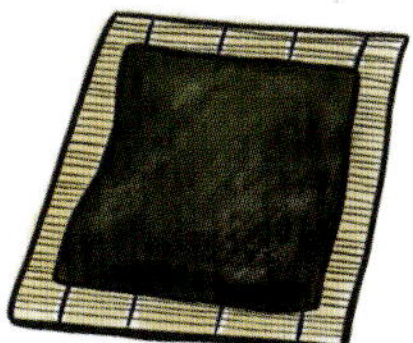

Wāwāhia te raihi ki ngā tirikai e 7. Meatia tētahi rau nori ki te papa huhi inanga mākūkū, ko te taha kaitara e anga whakarunga ana.

4.

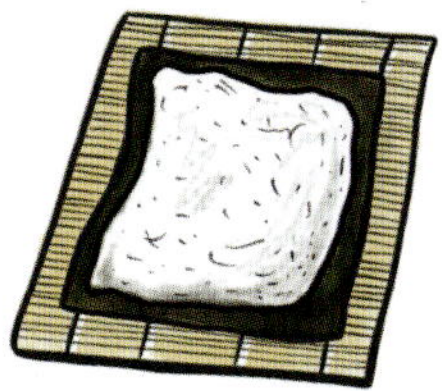

Horahia tētahi tirikai raihi ki te nori. Waiho tētahi tapa o te nori kia māmore, kia rua mati hoki te whānui.

5.

Meatia atu ngā kai raunga kua kārawarawahia ki tētahi pito o te raihi, e 2½ henemita te tawhiti i te tapa.

6.

Tīmata ana ki te tapa kei reira rā te raunga, whakamahia te papa inanga kia pōkai i ngā kai, kia hua ai he rango pōkai raihi e ita ana.

7.

Ki te māripi koi, poroa atu ngā pito. Tapahia ia rango kia 5 ngā wāhanga taurite.

8.

Kainga me te wairanu hoi, te pē wahapi me te tinitia pīkara, ki te hiahia koe.

E 45 meneti

Ka 4 ngā tohanga

HE TAPATUI

- Kia 400 karamu o te kārawarawa mīti kau
- Kia 200 karamu o te kihu kōrahirahi
- Kia 5 ngā kokonui o te hinu kanōra
- Kia 4 ngā kokoiti o te kāriki māota kōnatunatu
- Kia 2 ngā kokoiti o te tinitia māota kuoro
- Kia ¼ o te kāpeti, kua kārawarawahia
- Kia 1 te aniana wawaenga, kua tapahi tauritetia
- Kia 1 te kāroti nui, kua kuorotia
- Kia ½ o te kapu wairanu hoi uriuri

- TE WHAKAPŪKARA -

- Kia 1 te kokoiti o te kāriki māota kōnatunatu
- Kia 1 te kokoiti o te tinitia māota kuoro
- Kia ¼ o te kapu wairanu hoi uriuri

1.

Whakaranua ngā kai whakauru mō te whakapūkara ki tētahi oko. Āpitihia atu ngā kārawarawa mīti kau, hipokina, ka waiho noa ai mō te 30 meneti.

2.

Waiwaitia ngā kihu kōrahirahi ki tētahi oko wai mātao. Tiakina tētahi kapu o te wai, ka riringi atu ai i te toenga. Ki ngā kutikuti kāuta, kutia ngā kihu kōrahirahi.

3.

Whakamahanatia tētahi parai nui ki te tārahu wera. Āpitihia atu kia 2 ngā kokonui hinu, ka horo ai te parai i te mīti kau kia tūāparauri noa. Whakawhitihia atu ki tētahi oko.

4.

Āpitihia atu ki te parai ngā kokonui hinu e 3 e toe ana. Ka wera ana, āpitihia atu te kāriki, te tinitia, te kāpeti me te aniana, ka parai-kapekape ai mō te 3 meneti.

5.

Raua atu ngā kihu kōrahirahi ki te parai, ka kōrori atu ai, whāia rā ko te mīti, te kāroti, te wairanu hoi me te wai i tiakina i mua, ka whakaranu pai ai.

6.

Whakahekea te pāmahana kia tūāmahana noa. Taupokina, ka āta kōhua ai mō te 10 meneti. Kainga me te raihi mamaoa.

HE KIHU TAI PARAI

E 25 meneti

Ka 4 ngā tohanga

- Kia 200 karamu o te kakau parāoa raihi
- Kia 1 te wāhi kāriki, kua kōnatunatuhia
- Kia 1 te kokonui hinu ōriwa
- Kia 2 ngā hēki
- Kia 1 te kapu pihi pīni māota
- Kia 1 te kapu koriana māota, kua wāhi kotikotia
- Kia 2 ngā kapu o te kōuraura maoa (ko ngā nganga kua tangohia atu), o te kiko heihei maoa rānei kua tapahi tauritetia
- Kia 2 ngā riki kōanga, kua kōripia rauangitia
- Kia ½ o te kapu pīnati kua kotikotia

- TE WAIRANU -

- Kia 3 ngā kokonui wairanu hoi
- Kia 1 te kokonui wairanu ika
- Kia 1 te kokonui kīnaki hirikakā reka
- Kia 2 ngā kokonui wai rēmana, wai raima māota rānei
- Kia 2 ngā kokonui hinu kanōra

1.

Pāeratia he kōhua wai totetote. Tangohia atu i te tārahu, ka āpiti atu ai i ngā kakau parāoa.

2.

Waiho noa mō te 10 meneti. Riringihia atu te wai, ka opeope ai ki te wai mātao.

3.

Āta tunua te kāriki ki te hinu. Whatia atu ngā hēki. Kaurorihia mō te 2 meneti. Tangohia atu i te parai.

4.

Whakahanumitia ngā kai whakauru mō te wairanu ki tētahi oko iti. Tāwhiuwhiuhia kia kukū rā anō.

5.

Meatia atu te parai ki te tārahu mahana, ka āpiti atu ai i ngā kakau parāoa, ngā pihi pīni, te hēki, te koriana, ngā kōuraura/te heihei maoa me ngā riki kōanga.

6.

Āpitihia atu te wairanu. Whiuwhiuhia kia hanumi rā anō. Ruia ki te pīnati.

HE OKO POKE

15 meneti

Ka 4–6 ngā tohanga

- Kia 1 te kapu pīni etamame tio, kua kore he pākākano
- Kia 4 ngā kapu raihi tiahimina, kua tunua e ai ki ngā tohutohu i te pākete
- Kia 250 karamu o te hāmana wāmu, o te tuna kēne rānei (ko te wai kua riringihia atu)
- Kia 2 ngā kāroti, kua kuorotia
- Kia 1 te kūkama roa, kua tapahi tauritetia
- Kia 1 te kapu kāpeti whero, kua kārawarawahia
- Kia 1 te rahopūru, kua tapahi tauritetia
- Kia 1-2 ngā riki kōanga, kua kotikotia rauangitia

- TE WAIRANU -

- Kia ⅓ o te kapu hinu pīnati, hinu huawhenua rānei
- Kia 2 ngā kokonui winika waina raihi
- Kia 2 ngā kokonui wai
- Kia 1 te kokonui wairanu hoi
- Kia 1 te kokonui kīnaki tōmato
- Kia 1 te kokoiti mīere
- Kia 2 ngā kokoiti hinu hehame

1.

Whakaritea ngā pīni e ai ki ngā tohutohu i te pākete. Raua atu te raihi maoa mahana ki tētahi oko nui.

2.

Āpitihia atu te hamana wāmu, te tuna waikore rānei, whāia rā ko ngā pīni, te kāroti, te kūkama me te kāpeti.

3.

Whakahanumitia ngā kai whakauru mō te wairanu. Whakamakuetia ki te tote me te pepa.

4.

Whakamāturutia atu he wairanu ki te raihi me ngā huawhenua kia wāhi ūhia ai. Tiakina he wāhi wairanu.

5.

Āta whiuwhiuhia ngā kai i te oko.

6.

Raua atu ki ngā oko mō te wā kai. Taupokina ki te rahopūru me te riki kōanga.

HE IKA MATA

E 45 meneti

Ka 4 ngā tohanga

- Kia 500 karamu o te korepe ika mā e māota ana, pēnei i te tāmure, i te araara rānei, kua tapahia kia ō pai ai ki te māngai
- Ko te wai me te kiri kua kuoro rauangitia o tētahi rēmana
- Kia 1/4 o te kapikama whero, kua tapahi tauritetia
- Kia 1/4 o te kapikama kōwhai, kua tapahi tauritetia
- Kia 1/2 o te aniana whero, kua tapahi tauritetia
- Kia 1/2 o te kapu kūkama, kua tapahi tauritetia
- Kia 1 te tōmato nui, kua tapahi tauritetia
- Kia 1 te kēne 400 karamu o te kirīmi niu
- He tote me te pepa, ki tāu i pai ai

1.

Meatia atu ngā wāhi ika ki tētahi kumete pāpaku.

2.

Riringihia atu te wai rēmana ki te ika, ka kōrori atu ai.

3.

Hipokina, ka waiho ai ki te pouaka mātao mō te 30 meneti.

4.

Tangohia te kumete i te pouaka mātao, ka āpiti ai i te kiri rēmana me ngā wāhi huawhenua.

5.

Āpitihia atu te kirīmi niu, ka whakamakue ai ki te tote me te pepa ki tāu i pai ai.

6.

Whakamātaohia ki te pouaka mātao mō te 1 hāora. Whakawhitingia atu ki tētahi oko mō te wā kai.

E 20 meneti

Ka 4 ngā tohanga

HE RAIHI PARAI

- Kia 3 ngā kokonui hinu
- Kia 2 ngā hēki, kua koheria, kei te pāmahana rūma
- Kia 1 te aniana, kua kotikotia rauangitia
- Kia 1 te wāhi kāriki, kua kotikotia rauangitia
- Kia 2 ngā kokoiti o te tinitia māota kuoro
- Kia 2 ngā kōripi pēkana, kua kotikotia rauangitia
- Kia 1 te tā hererī, kua tapahi tauritetia, kua rauangi anō
- Kia 1 te kokoiti huka
- Kia 2 ngā kapu raihi pata roa kua maoa (tirohia te whārangi 5)
- Kia 1 te kokonui wairanu hoi
- Kia 2 ngā kokonui pāhiri, kua kotikotia

1.

Whakamahanatia tētahi kokonui hinu ki te pararaha. Tāhorotia atu ngā hēki kua koheria.

2.

Ka pupū haere ana ngā tapa, kauhurihia.

3.

Tangohia atu te omareta i te pararaha ki te rapa. Tukuna ki ngā tāora pepa kia mitia ai te hinu.

4.

Āta mukua atu te hinu tuwhene i te pararaha ki te tāora pepa.

5.

Whakamahanatia te hinu e toe ana. Āpitihia atu te aniana, te kāriki, te tinitia, te pēkana me te hererī.

6.

Tunua mō te 1 meneti. Āpitihia atu te huka, ka kōrori pai ai. Āpitihia atu te raihi me te wairanu hoi.

7.

Kōroritia kia mahana katoa te raihi.

8.

Kōripia te hēki maoa ka whētui atu ai ki te raihi. Taupokina ki te pāhiri.

HE KAPEKAPE HEIHEI ME TE KAHUNATI

E 40 meneti

Ka 4 ngā tohanga

- Kia 2 ngā kokoiti o tā Edmonds puehu kānga Fielder's
- Kia 1 te kahu hēki, kei te pāmahana rūma
- Kia 1/4 o te kokoiti tote
- Kia 300 karamu o te kūhā heihei, kua kārawarawahia
- Kia 2 ngā kokonui wairanu hoitini
- Kia 1 te kokonui wairanu hoi
- Kia 2 ngā kokoiti hinu hehame
- Kia 1 te kokoiti o te kīnaki hirikakā reka
- Kia 3 ngā kokonui hinu huawhenua
- Kia 1/2 o te kapu kahunati
- Kia 1 te wāhi kāriki, kua kotikotia rauangitia
- Kia 1 te kokoiti tinitia māota, kua kotikotia rauangitia
- Kia 1 te kapikama whero, kua kārawarawahia
- Kia 100 karamu o te harore pātene, kua kōripia
- Kia 2 ngā riki kōanga, kua kōripia

1.

Whakahanumitia te puehu kānga, te kahu hēki me te tote. Whakaranua atu ki ngā kārawarawa heihei. Whakamātaohia mō te 20 meneti.

2.

Whakahanumitia te wairanu hoitini, te wairanu hoi, te hinu hehame me te kīnaki hirikakā. Tukuna ki te taha.

3.

Whakamahanatia te pararaha me te kokonui hinu kotahi. Parai-kapekapengia ngā kahunati kia tūāparauri rā anō. Meatia ki te tāora pepa kia mitia atu ai te hinu.

4.

Āpitihia te hinu e toe ana ki te pararaha. Parai-kapekapengia te kāriki me te tinitia mō te 30 hēkona. Āpitihia atu te heihei. Whiuwhiua mō te 1 meneti.

5.

Āpitihia atu te kapikama me ngā harore. Parai-kapekapengia mō te 1–2 meneti kia mā, otirā, kia maoa rā anō te heihei.

6.

Riringihia atu te wairanu, ka kōrori ai mō te 2 meneti. Taupokina ki te kahunati me te riki kōanga.

HE HEIHEI UMU MĀMĀ

1 hāora

Ka 4–6 ngā tohanga

- Kia 4 ngā uma heihei takitahi, tōna 250 karamu te nui o ia wāhi
- Kia 2–3 ngā rīwai nui, kua waruwarua, kua hauwhāngia anō
- He tote me te pepa
- Kia ¼ o te kapu hinu huawhenua
- Kia 3 ngā kokonui wai rēmana
- Kia 2 ngā kokoiti o te kāriki kōnatunatu
- Kia 2 ngā kokoiti o te whakamakue Itāria
- He Huamata Kākāriki (tirohia te whārangi 56), mō te wā kai

1.

Whakamahana tōmuatia te umu kia 180° tohurau te pāmahana. Āta whakahinuhinutia tētahi paeumu pāpaku.

2.

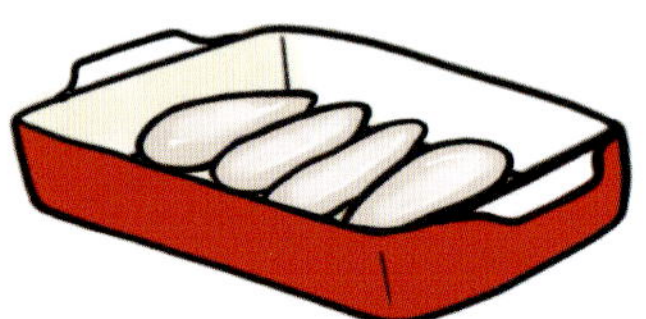

Whakatakotoria ngā uma heihei ki te paeumu ki te paparanga kotahi.

3.

Meatia atu ngā rīwai ki ngā tahataha o te heihei. Whakamakuetia ki te tote me te pepa.

4.

Whakahanumitia te hinu, te wai rēmana, te kāriki me te whakamakue Itāria ki tētahi oko iti.

5.

Tahia atu te ranunga ki runga ki te heihei me ngā rīwai.

6.

Tunua ki te umu mō te 40–50 meneti kia maoa rā anō te heihei, kia tūāngohe anō ngā rīwai ka werohia ana ki te paoka.

7.

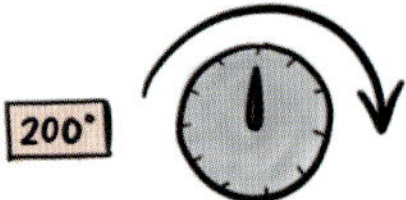

Mēnā e hiahia ana koe kia kōura a runga, whakapikihia te pāmahana ki te 200° tohurau, ka tunu ai mō te 10 meneti anō.

8.

Kainga tahitia ki te Huamata Kākāriki.

HE KOREPE KIRIPARĀOA

1 hāora

Ka 6 ngā tohanga

- Kia 2 ngā hēki, kei te pāmahana rūma
- Kia 2 ngā kokonui miraka
- Kia ¾ o te kapu o tā Edmonds puehu parāoa māori
- Kia 1½ kapu o te kongakonga parāoa kuoro kua maroke
- Kia 6 ngā korepe 100 karamu o te mīti kau, o te mīti poaka rānei
- Kia 3 ngā kokonui hinu
- Kia 50 karamu o te pata
- He kahi rēmana, mō te wā kai

1.

Tāwhiuwhiu tahitia te hēki me te miraka.

2.

Tāhorotia atu ki tētahi oko pāpaku.

3.

Meatia te puehu parāoa ki tētahi anō pereti, ko ngā kongakonga parāoa ki tētahi pereti tuatoru.

4.

Toutoua ngā korepe mīti ki te puehu parāoa, ka tahi, ki te hēki, ka rua, ki ngā kongakonga parāoa, ka toru, kātahi ka meatia atu ki tētahi pereti.

5.

Hipokina, ka whakamātao ai mō te 20 meneti.

6.

Whakamahanatia te hinu me te pata ki te parai. Āpitihia atu ngā korepe mīti – kia rua, kia toru pea ngā kohinga korepe.

7.

Tunua kia kōura rā anō, kia kotahi hoki te kauhuringa.

8.

Āpitihia atu he wāhi hinu anō mō ia kohinga korepe. Kainga me te kahi rēmana hei kīnaki.

HE PIHAPIHA

E 3 hāora

Ka 2

- Kia 500 karamu o tā Edmonds puehu parāoa kounga
- Kia 150 karamu o tā Edmonds puehu parāoa wīti tikitū
- Kia 1 te kokoiti o tā Edmonds īhi oho
- Kia 1 te kokoiti tote
- Kia 100 ritamano o te wai pāera
- Kia 200 ritamano o te wai mātao

- MŌ RUNGA -

- Te pē tōmato, te tōmato kōripi me te tīhi kuoro
- Te pē tōmato, te peheto, te heihei maoa ngakungaku me te tīhi kuoro
- Te pē tōmato, te poaka wāmu kua tapahi tauritetia, te wāhi paināporo me te tīhi kuoro

1.

Whakahanumitia ngā puehu parāoa me te īhi ki tētahi oko.

2.

Whakamemehatia te tote ki te wai pāera. Kōroritia atu te wai mātao. Riringihia atu te wai tote ki ngā puehu parāoa me te īhi.

3.

Āpitihia atu he wai mahana anō kia hua rā anō he pokenga mōhanihani. Pokepokea mō ētahi meneti ruarua.

4.

Meatia te pokenga ki tētahi oko kua whakamahanatia, kua whakahinuhinutia anō. Hipokina ki te tāora haumākū. Tukuna kia ara—kia 2 hāora neke atu e pēnei ana.

5.

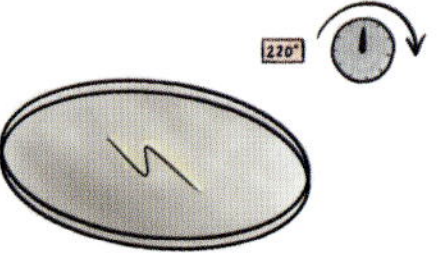

Whakamahanatia te umu—kia kaua te pāmahana e iti iho i te 220° tohurau. Āta whakahinuhinutia tētahi pae pihapiha e 25 henemita te nui (whakamahia rānei he pae pihapiha kōhatu).

6.

Āta pokepokea te pokenga. Hauruatia. Takapapangia kia rua ngā papa porohita, e 20 henemita te nui.

7.

Taupokina ki ngā kīnaki kua kōwhiringia, tīmata mai ana ki te panipani i te pē tōmato.

8.

Whakawhitingia atu ki te pae kōhatu, ki te paepae pihapiha rānei. Tunua ia pihapiha mō te 10-15 meneti kia kōura rā anō.

HE NĀTIO

1 hāora

Ka 4–6 ngā tohanga

- Kia 1 te kokonui hinu kanōra
- Kia 1 te aniana, kua kotikotia
- Kia 500 karamu o te mītinaku kau tūpuhi
- Kia 2 ngā wāhi kāriki, kua kōnatunatuhia
- He kēne 400 karamu o te tōmato kua kotikotia
- Kia 2 ngā kokonui pē tōmato
- Kia ½ o te kapu wai
- He tote me te pepa
- He kēne 440 karamu o te pīni hirikakā
- Kia 200 karamu o te kotakota kānga
- Kia 1½ ngā kapu o te tīhi makue kua kuorotia
- He kirīmi moī me te Toutou Rahopūru (tirohia te whārangi 54), mō te wā kai

1.

Whakamahanatia te hinu ki te parai. Tunua te aniana mō te 5 meneti kia mohe rā anō.

2.

Āpitihia atu te mītinaku me te kāriki. Kia auau te kōrori kia parauri rā anō te mīti.

3.

Āpitihia atu ngā tōmato, te pē tōmato me te wai. Āta kōhuatia mō te 30–35 meneti kia kukū rā anō.

4.

Whakamakuetia ki te tote me te pepa. Āpitihia atu ngā pīni. Kōroritia mō te 1–2 meneti.

5.

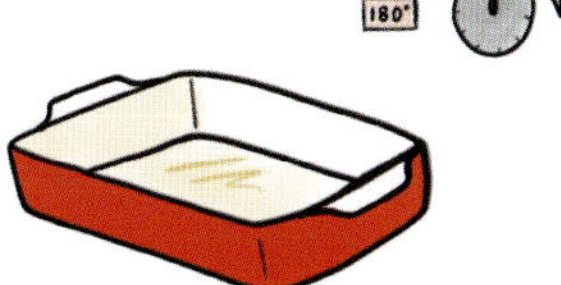

Whakamahana tōmuatia te umu kia 180° tohurau te pāmahana. Hoatu tētahi paeumu nui ki te umu mō te 5 meneti.

6.

Ruia ngā kotakota kānga ki te papa o te paeumu mahana.

7.

Whakakāngia te rorerore umu. Kokoa te ranunga mītinaku ki runga ki ngā kotakota. Ruia ki te tīhi.

8.

Rorerorea mō te 3–4 meneti kia rewa, kia pupū rā anō te tīhi. Kainga tahitia ki te kirīmi moī me te Toutou Rahopūru.

HE PĀKĪ TĪHI

E 20 meneti

Ka 6 ngā tohanga

Ngā Kai Mōkarakara

- Kia 500 karamu o te mītinaku kau tūpuhi
- Kia 1 te kokoiti o te rau amiami hanumi
- Kia 1 te kokonui kirīmi moī
- Kia 1 te kokonui hinu
- Kia 6 ngā rohi pākī
- He pata
- He kīnaki tōmato
- Kia 6 ngā kōripi tōmato
- He kōripi tīhi
- He rau rētihi

1.

Whakahanumitia te mītinaku, ngā rau amiami me te kirīmi moī ki tētahi oko.

2.

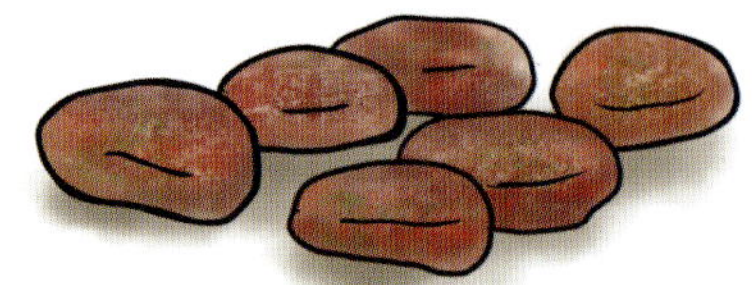

Wāwāhia kia 6 ngā tirikai.

3.

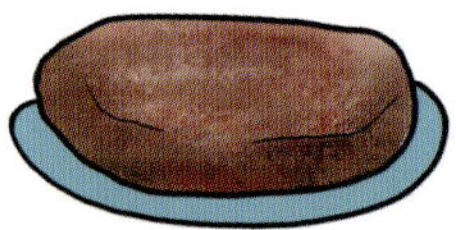

Pēhia ia tirikai ki tētahi pereti iti kia hanga kōpae mītinaku.

4.

Whakamahanatia te hinu ki te parai. Paraihia ngā kōpae, ka kauhuri ai kia maoa rā anō.

5.

Whakakāngia te rorerore umu. Hauruatia ngā rohi. Pania ngā haurua ki te pata.

6.

Rorerorea ngā rohi kia kōura rā anō. Pania ki te kīnaki tōmato.

7.

Meatia te kōpae mītinaku ki runga ki te wairanu. Meatia he kōripi tōmato ki runga.

8.

Āpitihia atu te tīhi me te rētihi. Taupokina, ka kai ai.

HE IKA PARAI ME TE TĪTIPI

1 hāora

Ka 6 ngā tohanga

- Kia 3 ngā kokonui hinu ōriwa
- Kia 6 ngā rīwai wawaenga, kua warua, kua hauruatia kia roa, kua tapahia hoki hei tītipi, he 1 henemita te mātotoru
- He tote
- Kia 4 ngā korepe ika tūāmārō, kia mā, kia wheua-kore hoki, pēnei i te tāmure me te tarakihi
- He hinu, mō te parai rumaki
- Kia 1 te kōripi parāoa
- Kia 2 ngā rēmana, kua tapahia hei kahi

- TE POKEWAI -

- Kia ¼ o te kapu o tā Edmonds puehu kānga Fielder's
- Kia ½ o te kapu o tā Edmonds puehu parāoa māori
- Kia 1 te kokoiti o tā Edmonds pēkena paura
- Kia ¼ o te kokoiti tote
- Kia ½ o te kapu miraka

Ngā Kai Mōkarakara

1.

Mō te pokewai, tātarihia te puehu kānga, te puehu parāoa, te pēkena paura me te tote. Kia harangotengote te āpiti atu i te miraka. Kōroritia kia mōhanihani rā anō. Whakamātaohia mō te 10–15 meneti.

2.

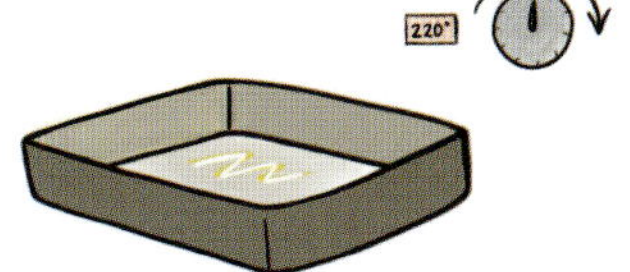

Whakamahana tōmuatia te umu kia 220° tohurau te pāmahana. Riringihia atu te hinu ki te paetunu. Whakamahanatia ki te umu mō te 3–4 meneti.

3.

Meatia atu ngā tītipi ki te paetunu. Whiuwhiua kia wāhi ūhia ai ki te hinu. Tunua mō te 15 meneti, e kauhuri ana i ōna wā.

4.

Riringihia atu te hinu parai rumaki ki te hōpane, kia 10 henemita rā anō te teitei, ka whakamahana ai.

5.

Toutoua he wāhi parāoa ki te hinu. Hihī ana te parāoa, kua wera te hinu.

6.

Ki te paoka, toutoua te ika ki te pokewai, ka tuku i te wāhi tuwhene kia rere atu.

7.

Āta tukuna ihotia te ika ki te hinu wera, kia 2 ngā korepe i ia wā.

8.

Tunua kia kōura rā anō te kiri pakapaka, otirā, kia maoa pai te ika. Meatia ki te tāora pepa kia mitia atu ai te hinu. Kainga tahitia ki te tītipi wera me te kahi rēmana.

1 hāora 20 meneti

Ka 6 ngā tohanga

HE KAHI RĪWAI KAPI

- Kia 1 kirokaramu o te rīwai māngaro, pēnei i te Akiria, kua horoia tōmuatia, kua hauruatia mā te taha roa, ko ia haurua kua hautorutia anō
- Kia 2 ngā kokonui hinu ōriwa
- Kia 1 te kokoiti tote
- Kia 3 ngā kōripi pēkana pakihiwi, kua tapahi tauritetia kia 1 henemita te nui o ia wāhi
- Kia ¾ o te kapu tīhi makue kua kuorotia
- Kia 125 karamu o te kirīmi moī
- Kia 3 ngā kokonui o te rikiriki, o te pāhiri, o te riki kōanga rānei kua kotikotia rauangitia

1.

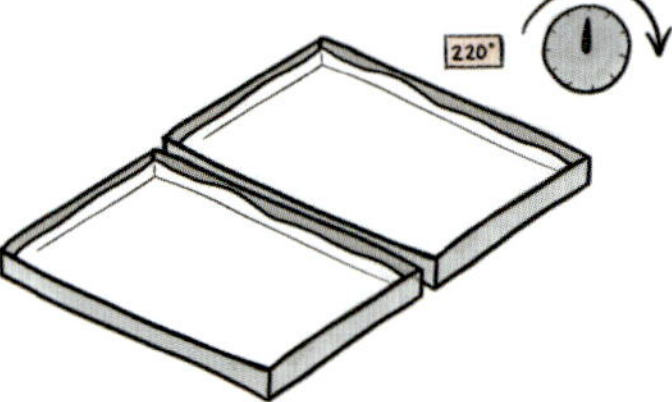

Whakamahana tōmuatia te umu kia 220° tohurau te pāmahana. Ūhia ētahi paeumu e rua ki te rautunu.

2.

Waiwaitia ngā kahi rīwai ki tētahi oko wai wera nui mō te 10 meneti.

3.

Riringihia atu te wai. Pōpōhia ngā kahi ki te tāora kia maroke ai.

4.

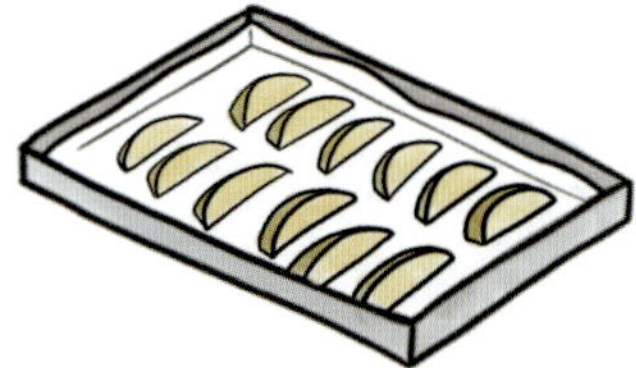

Horahia ngā kahi ki tētahi paeumu. Whakamāturutia ki te hinu, ruia hoki ki te tote. Tunua mō te 25 meneti.

5.

Tangohia atu te paeumu. Kauhurihia ngā kahi. Whakahokia ki te umu. Tunua tētahi 10-20 meneti atu anō.

6.

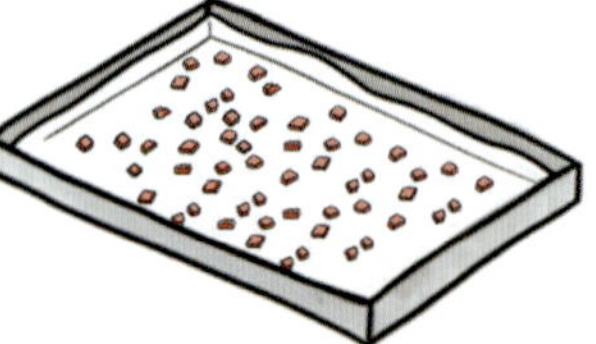

Horahia ngā wāhi pēkana ki tērā atu paeumu. Hoatu ki te umu mō te 10 meneti whakamutunga o te wā tunu.

7.

Unuhia ngā rīwai, ka whakakā ai i te rorerore umu. Ruia ngā rīwai ki te tīhi me te pēkana. Whakahokia ki te umu, ka rorerore ai kia rewa rā anō te tīhi.

8.

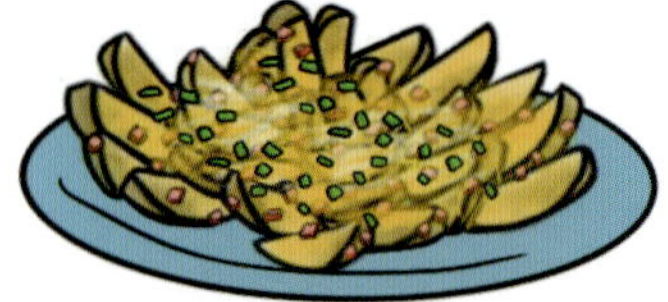

Kokoa atu he kirīmi moī, ka ruirui atu ai i ngā maramara rikiriki, pāhiri, riki kōanga rānei.

HE RĪWAI HAU PARAI

1 hāora

Ka 6 ngā tohanga

- Kia 1 kirokaramu o te rīwai māngaro, pēnei i te Akiria, kua warua, kua hauruatia
- Kia 2 ngā kōripi pēkana
- Kia 50 karamu o te pata
- Kia 2 ngā kokonui hinu ōriwa
- Kia 1 te aniana, kua kotikotia rauangitia
- He tote me te pepa

1.

Pāeratia ngā rīwai kia tūāngohe rā anō. Riringihia atu te wai, ka tapahi mataonotia ai ngā rīwai, kia 1 henemita hoki te nui.

2.

Paraihia te pēkana kia pakapaka, kia parauri rā anō. Unuhia, ka meatia ai ki te tāora pepa kia mitia atu ai te hinu.

3.

Āta tunua te pata, te hinu me te aniana ki te hōpane me te ngako pēkana mō te 5 meneti.

4.

Kia taurite te horahia o ngā rīwai ki runga ki te aniana. Whakamakuetia ki te tote me te pepa. Pēhia ihotia ki te rapa.

5.

Tunua ki te tārahu mahana mō te 20 meneti kia kōuraura rā anō a raro. Rūrūngia te hōpane i ōna wā.

6.

Taupokina te hōpane ki te pereti nui. Huripokitia kia taka ai ngā rīwai hau parai ki te pereti. Whakahokia atu anō ki te hōpane.

7.

Tunua tērā atu taha mō te 5-10 meneti, ka pēhi iho anō ki te rapa kia kōura, kia pakapaka rā anō.

8.

Kainga tahitia me te pēkana maoa.

1½ hāora

Ka 36

HE PEHU PĪTIKI

Ngā Kai Mōkarakara

- Kia 2 ngā kēne 300 karamu o te pītiki, ko te wai kua riringihia atu
- Kia 1 te tā hererī, kua kotikotia
- Kia 1 te kokoiti kāriki kōnatunatu
- Kia 2 ngā kokonui o tā Edmonds puehu parāoa māori, me tētahi wāhi āpiti hei uhi
- Kia 2 ngā kokonui tahini
- Kia 1 te kokoiti nehu kumana
- Kia ½ o te kokoiti tumariki
- Kia ½ o te kokoiti tote
- He pepa pango tahi nei ka kuorotia
- He hinu huawhenua, mō te parai
- He Hōmihi (tirohia te whārangi 53), mō te wā kai
- He Tapure (tirohia te whārangi 57), mō te wā kai
- He parāoa pita, hei pūkoro i te wā kai

- TE WAIRANU KĀRIKI -

- Kia ¾ o te kapu miraka tepe māori
- Kia ½ o te kokoiti kāriki kōnatunatu
- He pepa pango tahi nei ka kuorotia

1.

Tāwhirowhirohia ngā kai whakauru mō te pehu pītiki, hāunga anō te hinu, kia kaitara rā anō. Hipokina. Whakamātaohia mō te 1 hāora.

2.

Tīkokoa he kokoiti nui o te ranunga, ka ahuahungia hei pōro. Pīroritia ki te puehu parāoa, kia wāhi ūhia ai.

3.

Āta takapapangia ngā kōpae ki tō papanui.

4.

Tāhorotia te hinu ki te parai, kia 1 henemita rā anō te hōhonu. Whakamahanatia ki te tārahu wawaenga.

5.

Tunua ngā pehu pītiki mō te 5 meneti kia kōura rā anō, kia kotahi hoki te kauhurihanga. Meatia ki te tāora pepa kia mitia atu ai te hinu.

6.

Whakahanumitia ngā kai whakauru mō te kīnaki. Whakaranua paitia. Kainga tahitia ki te Hōmihi (tirohia te whārangi 53) ki te pehu pītiki me te Tapure (tirohia te whārangi 57) ki rō parāoa pita.

HE HŌMIHI

10 meneti

Ka 2 ngā kapu

- Kia 2 ngā kēne pītiki, e 300 karamu te nui, ko te wai kua riringihia atu, kia 2 rānei ngā kapu pītiki maoa
- Kia 1 te aniana, kua kotikotia rauangitia
- Kia 1 te wāhi kāriki, kua kotikotia
- Kia 2 ngā kokonui tahini
- Kia 1 te kokoiti nehu kumana
- Kia ¼ o te kapu hinu ōriwa
- Kia 2 ngā kokonui wai rēmana
- He tote me te pepa
- He rau amiami māota kua kotikotia, hei whakarākei (he kōwhiringa)
- He kotakota kānga me te kakau huawhenua, mō te wā kai (he kōwhiringa)

1.

Opeopea ngā pītiki ki te tātari i te wai mātao e rere iho ana. Riringi katoatia atu te wai.

2.

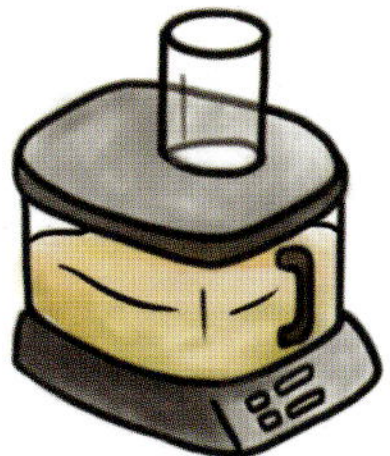

Hāunga anō ngā whakarākei, whakahanumitia ngā kai whakauru katoa ki te tāwhirowhiro kia mōhanihani rā anō.

3.

Whakawhitihia atu te hōmihi ki tētahi oko kai.

4.

Hipokina, ka tuku ai ki te pouaka mātao kia hiahiatia rā anōtia.

5.

Kainga tahitia me te rau amiami māota kua tapatapahia hei taupoki, ngā kotakota kānga me ngā kakau huawhenua, ki te hiahiatia.

- HE KUPU ĀPITI -

Ka pai tonu te hōmihi mō te rua wiki ina tiakina ki te pouaka mātao.

10 meneti

Ka ¾ o te kapu

HE TOUTOU RAHOPŪRU

- Kia 1 te rahopūru ngaere, ko te karihi kua tangohia atu, ko te kiko kua tīkokoa
- Kia ¼ o te kapu kirīmi moī
- Kia 2 ngā kokoiti wai rēmana
- He pata wairanu hirikakā
- He tote me te pepa

1.

Ki te paoka, āta penupenua te kiko rahopūru ki tētahi oko.

2.

Whakaranua atu te kirīmi moī, te wai rēmana me te wairanu hirikakā. Whakamakuetia ki te tote me te pepa.

3.

Raua atu te toutou rahopūru ki tētahi oko kai. Ruia anō ki te pepa.

4.

Ka āhei te taka wawe i te toutou rahopūru i ētahi hāora tōmua atu i te wā kai. Tiakina ki te pouaka mātao.

5.

Kia kore ai e wairau haere, raua atu te karihi rahopūru ki te toutou.

6.

Hipokina ki te tākai kirihou, kia pā tonu atu hoki ki te kahu o te toutou.

HE HUAMATA RĪWAI

E 45 meneti

Ka 4–6 ngā tohanga

- Kia 2-3 ngā rīwai wākihi, pēnei i te rīwai whero (Red Desiree), kua horoia
- Kia ½-1 kapu o te kīnaki kōmā
- Kia 2 ngā hēki pāera mārō, kua kotikotia
- Kia 2-3 ngā riki kōanga, kua kōripia
- Kia 1-2 ngā kokoiti hīoi kua kotikotia rauangitia

Ngā Kai Mōkarakara

1.

Pāeratia ngā rīwai mō te 25 meneti kia tūāngohe rā anō.

2.

Riringihia atu te wai, ka wāhi whakamātao ai i ngā rīwai.

3.

Waruwarua atu te kiri i ngā rīwai mahana.

4.

Tapahia hei pōkurukuru wawaenga.

5.

Whakahanumitia ki te kīnaki kōmā, i te wā e tūāmahana tonu ana.

6.

Āta whakahanumitia atu te hēki, ngā riki kōanga me te hīoi, ngā momo kīnaki rānei e pai ana ki a koe.

7.

Kainga tonutia atu, kainga rānei ka tau ana ki te pāmahana rūma.

- NGĀ PANONITANGA -

Whakamātauria tētahi, ētahi rānei o ēnei hei āpitihanga: he wāhi kapikama kua kotikotia, he rikiriki, he pāhiri rānei, he pēkana maoa kua tākongakongatia, he kano puarā, hehame rānei kua hunuhunua (kia pakepakē ai), me ētahi kōripi kamoriki pīkara, uhikura rānei.

10 meneti

Ka 4-6 ngā tohanga

Ngā Kai Mōkarakara

HE HUAMATA KĀKĀRIKI

- Kia 4 ngā kapu rau rētihi
- Kia 3 ngā tōmato wawaenga, kua kotikotia
- Kia 1 te kūkama, kua kōripia
- Kia ¼ o te kapu kāroti kuoro

- TE WAIRANU -

- Kia 2 ngā kokoiti wai rēmana, winika mā rānei
- Kia 2 ngā kokonui hinu ōriwa
- He tote me te pepa
- Kia ½ o te kokoiti mātete Tīhona (he kōwhiringa)
- Kia 1 te kokonui o te pāhiri kua kotikotia

1.

Opeopea te rētihi ki te wai mātao e rere iho ana.

2.

Rūrūngia mārikatia ki te tātari, kia rere atu ai te wai tuwhene.

3.

Raua atu ngā kai whakauru e toe ana ki te oko huamata, ka whakaranu pai ai.

4.

Whakahanumitia ngā kai whakauru mō te wairanu.

5.

I mua tata tonu i te wā kai, āpitihia atu ngā rau rētihi ki te huamata.

6.

Whakamāturutia ki te wāhi wairanu, ka whiuwhiua ai.

HE TAPURE

E 40 meneti

Ka 4 ngā tohanga

- Kia 1 te kapu wīti kōnatunatu
- Kia 2 ngā kokonui hīoi māota kua kotikotia
- Kia 1 te kapu pāhiri, kua kotikotia rauangitia
- Kia 2 ngā riki kōanga, kua kotikotia rauangitia
- Kia 2 ngā tōmato, kua kotikotia rauangitia
- Kia 2 ngā kokonui hinu ōriwa
- Kia ¼ o te kapu wai rēmana
- He tote me te pepa

1.

Raua atu te wīti kōnatunatu ki te oko. Rumakina ki te wai pāera.

2.

Waiho kia tū noa mō te 30 meneti.

3.

Kōroritia te wīti kōnatunatu, ka riringi atu ai i te wai e toe tonu ana.

4.

Whakahanumitia ngā kai whakauru katoa ki te oko.

5.

Whakaranua paitia. Whakamakuetia ki te tote me te pepa.

6.

Kainga tahitia me te Pehu Pītiki (tirohia te whārangi 52) me te Hōmihi (tirohia te whārangi 53).

10 meneti

Ka 10

HE PAREHE TUKUTUKU MŌKARAKARA

Ngā Kai Mōkarakara

- Kia 2 ngā hēki nui, kei te pāmahana rūma
- Kia 1½ ngā kapu miraka tikitū
- Kia 100 ritamano o te hinu huawhenua, kanōra rānei
- Kia 2 ngā kapu o tā Edmonds puehu parāoa whakarewa
- Kia ½ o te kokoiti tote kāriki
- Kia 3 ngā kokonui pāhiri kua kotikotia
- He rehu tunutunu
- Kia ½ o te kapu tīhi makue kua kuorotia
- He wāhi kirīmi moī, mō te wā kai
- He kapuranga o te tōmato iti kua hauruatia, mō te wā kai
- He rikiriki kua kotikotia rauangitia, mō te wā kai

1.

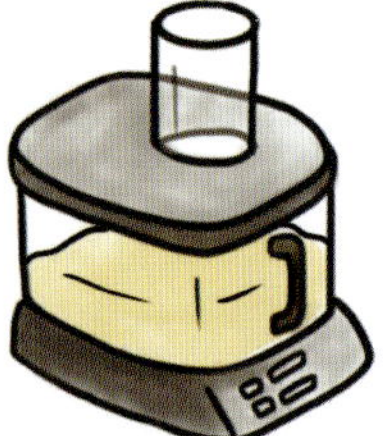

Whakahanumitia ngā hēki, te miraka me te hinu ki te tāwhirowhiro.

2.

Whakawhitihia atu ki tētahi oko, ka āpiti atu ai i te puehu parāoa, te tote kāriki me te pāhiri. Whakaranua paitia.

3.

Tukuna te ranunga kia tū noa, e hipokina ana, mō te 30 meneti i mua i te whakamahinga (mēnā e taea ana).

4.

Whakamahana tōmuatia te pū parehe tukutuku ki te pāmahana e hiahiatia ana. Ūhia ki te rehu tunutunu.

5.

Raua atu te ¼ o te kapu ranunga ki te pū parehe tukutuku. Tunua kia kōura rā anō.

6.

Toaitia ngā mahi ki te ranunga e toe ana. Kainga tahitia ki te tīhi kua kuorotia, te kirīmi moī, te tōmato me te rikiriki.

HE OMARETA

10 meneti

Ka 1 te tohanga

- Kia 2 ngā hēki, kei te pāmahana rūma
- Kia 1 te kokonui miraka
- He tote me te pepa
- He pata, hei whakahinuhinu
- He tākupu pāhiri, hei whakarākei

1.

Āta tāwhiuwhiu tahitia ngā hēki me te miraka. Āpitihia atu he wāhi tote me te pepa.

2.

Whakamahanatia tētahi hōpane omareta, tētahi parai rānei, e 20 henemita te nui. Āpitihia atu tētahi wāhi pata.

3.

Hongaia haerehia te hōpane kia taurite ai te rewa o te pata ki te papa.

4.

Tāhorotia atu te ranunga hēki, ka tunu ai ki te tārahu wawaenga.

5.

Hīkina ngā tapa ki te rapa kia rere atu ai te hēki mata ki raro.

6.

Tunua kia tetepe, waihoki kia kōura rā anō te omareta.

7.

Whakatangatangahia atu i te hōpane ki te rapa. Whētuihia kia noho haurua ai.

8.

Meatia atu ki te pereti kai. Whakarākeingia ki te pāhiri.

10 meneti

Ka 2/3 o te kapu

HE PANIHUKA TĪHI KIRĪMI

- Kia 1 te kapu puehu huka
- Kia 150 karamu o te tīhi kirīmi mohe
- Kia 1 te kokoiti wai rēmana

1.

Tātarihia te puehu huka ki te oko.

2.

Āpitihia atu te tīhi kirīmi.

3.

Āpitihia atu te wai rēmana.

4.

Koheria ki te koheri hiko, kia hanumi rā anō.

5. - KUPU ĀPITI 1 -

Pania atu te panihuka ki ngā keke pēnei i te Keke Kāroti, te Keke Māpere me te Keke Panana, ki te māripi papatahi.

6. - KUPU ĀPITI 2 -

Ka pai tonu te panihuka tīhi kirīmi mō ngā rā e 5 ina tiakina ai ki te pouaka mātao.

HE PANI PATAHUKA

10–15 meneti

Ka 2/3 o te kapu

- Kia 2 ngā kapu puehu huka
- Kia 115 karamu o te pata kūteretere
- Kia ½ o te kokoiti waitāwhara wanira
- Kia 1–2 ngā kokonui miraka

1.

Tātarihia te puehu huka ki te oko.

2.

Ki te koheri hiko, whakapāhukahukatia te pata, te wanira me tētahi haurua o te puehu huka.

3.

Kia harangotengote te āpiti atu i te puehu huka e toe ana, ka koheri hoki kia mōhanihani rā anō. Āpitihia te miraka, ka koheri pai ai.

4.

Pania atu ki runga ki ō tino keke, kapukeke rānei, ki te māripi papatahi.

- PANONITANGA 1 -

Mō te Pani Patahuka Tiakarete, tātarihia atu he kokonui kōkō e 2 me te puehu huka.

- PANONITANGA 2 -

Mō te Pani Patahuka Rēmana, koheria atu tētahi kokoiti kiri rēmana kua kuoro rauangitia ki te patahuka.

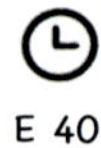

E 40 meneti

Ka 10

HE PAREHE TUKUTUKU MIRAKA MOĪ

Ngā Kai Āwenewene

- Kia 2 ngā hēki nui, kei te pāmahana rūma
- Kia 1 te kapu miraka moī
- Kia 3/4 o te kapu miraka
- Kia 100 ritamano o te hinu huawhenua, kanōra rānei
- Kia 2 ngā kapu o tā Edmonds puehu parāoa whakarewa
- Kia 1½ ngā kokoiti hinamona
- Kia 1/4 o te kapu huka kuoro
- He rehu tunutunu
- He miraka tepe māori, mō te wā kai
- He huarākau māota kua tapahi tauritetia, pēnei i te huakiwi, te panana me ngā rōpere, mō te wā kai

1.

Whakahanumitia ngā hēki, te miraka moī, te miraka me te hinu ki te tāwhirowhiro.

2.

Whakawhitihia atu ki tētahi oko, ka āpiti atu ai i te puehu parāoa, te hinamona me te huka. Whakaranua paitia.

3.

Tukuna te ranunga kia tū noa, e hipokina ana, mō te 30 meneti i mua i te whakamahinga (mēnā e taea ana).

4.

Whakamahana tōmuatia te pū parehe tukutuku ki te pāmahana e hiahiatia ana. Ūhia ki te rehu tunutunu.

5.

Raua atu tētahi 1/4 o te kapu ranunga ki te pū parehe tukutuku. Tunua kia kōura rā anō.

6.

Toaitia ngā mahi ki te ranunga e toe ana. Kainga tahitia ki te miraka tepe me te huarākau kua tapahi tauritetia.

HE PANIKEKE

E 5–20 meneti

Ka 3–4 ngā tohanga

- Kia 2 ngā kapu o tā Edmonds puehu parāoa māori
- Kia 2 ngā kokonui huka
- Kia ½ o te kokoiti tote
- Kia 1 te kokoiti o tā Edmonds pēkena paura
- Kia ½ o te kokoiti o tā Edmonds pēkena houra
- Kia 1½ ngā kapu miraka tikitū
- Kia 2 ngā hēki nui, kei te pāmahana rūma
- Kia 3 ngā kokonui pata, kua rewa, otirā, kua wāhi mātao
- He pata atu anō, hei whakahinuhinu

1.

Tātarihia te puehu parāoa, te huka, te tote, te pēkena paura me te pēkena houra ki te oko.

2.

Ki tētahi atu oko, tāwhiuwhiuhia te miraka, ngā hēki me te pata rewa.

3.

Karia he rua ki ngā kai whakauru maroke. Tāhorotia atu ngā kai whakauru mākū ki roto. Āta kōroritia kia wāhi hanumi noa. Tukuna ki te taha mō te 10 meneti.

4.

Whakamahanatia he wāhi pata ki tētahi parai piri kore, ki te tārahu wawaenga.

5.

Tāhorotia atu te pokewai, kia ¼ o te kapu i ia wā, ki te parai. Tunua mō te 2-3 meneti kia tīmata rā anō te pahū haere o ngā mirumiru.

6.

Ki tētahi rapa kōrahirahi, whārahi hoki, kauhurihia ngā panikeke, ka tunu tonu ai mō te 1-2 meneti kia kōuraura rā anō te taha tuarua.

7.

Toaitia ki te toenga o te pokewai.

8.

Kainga tonutia atu ngā panikeke me ngā kīnaki pai ki a koe, tiakina rānei ki te umu kua whakamahana tōmuatia.

E 20 meneti

Ka 2–4 ngā tohanga

HE TŌHI WĪWĪ

- Kia 2 ngā hēki, kei te pāmahana rūma
- Kia 2 ngā kokonui miraka
- He tote me te pepa
- Kia 4 ngā kōripi-tōhi o te paraōa wīti tikitū, o te paraōa mā rānei
- He pata, hei whakahinuhinu
- He waimāpere, hei kīnaki (he kōwhiringa)
- He pēkana rorerore, hei kīnaki (he kōwhiringa)

1.

Raua atu ngā hēki me te miraka ki te oko. Tāwhiuwhiuhia kia hanumi rā anō.

2.

Whakamakuetia ki te tote me te pepa.

3.

Hauruatia haurokitia ia kōripi parāoa, kia hua ai he tapatoru e 2.

4.

Whakarewaina he wāhi pata ki te parai ki te tārahu mahana-wawaenga.

5.

Toutoua takitahitia ngā tapatoru parāoa ki te ranunga hēki me te miraka.

6.

Meatia atu ki te parai. Tunua mō te 2 meneti kia kōura rā anō a raro.

7.

Kauhurihia, ka tunua ai mō tētahi anō 2 meneti.

8.

Kainga tahitia ki te waimāpere me te pēkana rorerore, ki te hiahiatia.

HE PATAHUA

E 45 meneti

Ka 7 ngā kapu

- Kia 3 ngā kapu o te rau ōti pata tikitū
- Kia 1 te kapu niu ngakungaku
- Kia ½ o te kapu hemapata wīti
- Kia ¼ o te kapu heinati, nati parīhi rānei kua kotikotia
- Kia ½ o te kapu kano pēnei i te kano puarā, te kano paukena rānei
- Kia 1 te kokoiti hinamona
- Kia ⅓ o te kapu hinu kanōra
- Kia ⅓ o te kapu mīere waiwai
- Kia 1 te kapu reihana, kerepe menge rānei
- Kia ¾ o te kapu aperekoti menge kua kotikotia
- He miraka, he miraka tepe rānei, he huarākau māota pēnei i te huapere, i te panana kua kotikotia rānei, hei kīnaki

1.

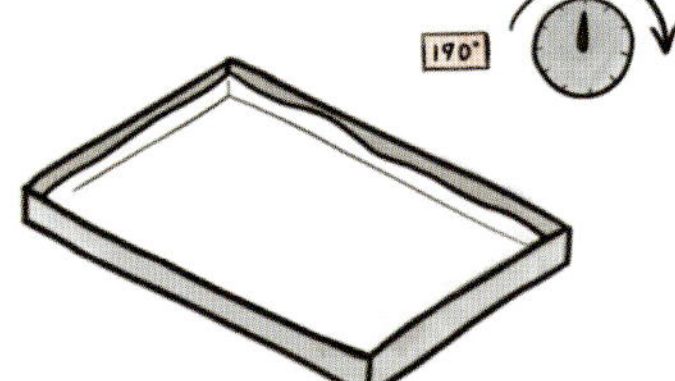

Whakamahana tōmuatia te umu, kia 190° tohurau te pāmahana. Ūhia tētahi paeumu ki te rautunu.

2.

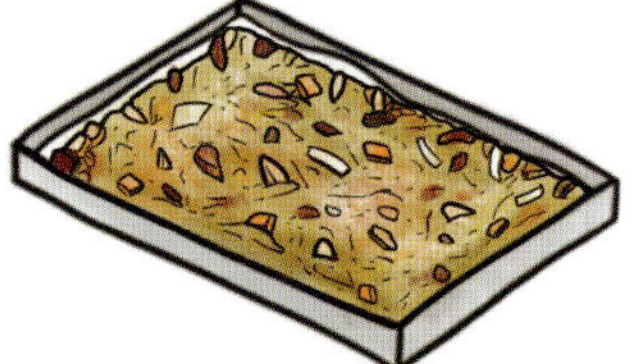

Whakahanumi paitia ngā ōti, te niu, te hemapata wīti, ngā nati, ngā kano me te hinamona ki te paeumu.

3.

Ki tētahi oko, whakaranua te hinu me te mīere. Whakamāturutia atu ki runga ki ngā ōti, ka āta whakaranu ai.

4.

Tunua ki te umu mō te 25–30 meneti, kia kōura rā anō rānei. Kōroritia i ia 5 meneti (he mea tino nui tēnei!).

5.

Tukuna kia mātao haere, ka kōrori atu ai i ngā huamenge ki roto. Kainga tahitia ki te miraka, te miraka tepe rānei me te huarākau māota.

- KUPU ĀPITI -

Tiakina ki tētahi ipu tukukore.

HE PŌTAKA TIAKARETE

E 30 meneti

Ka 24

- Kia 200 karamu o te pata kūteretere
- Kia ½ o te kapu huka
- Kia 1¼ ngā kapu o tā Edmonds puehu parāoa māori
- Kia ¼ o te kapu kōkō
- Kia 2 ngā kapu kāngarere

- PANIHUKA TIAKARETE -

- Kia 2 ngā kapu puehu huka
- Kia 2 ngā kokonui kōkō
- Kia 25 karamu o te pata kūteretere
- Kia 2 ngā kokonui wai wera
- Kia ¼ o te kokoiti waitāwhara wanira
- Kia 24 ngā wōnati (he kōwhiringa)

1.

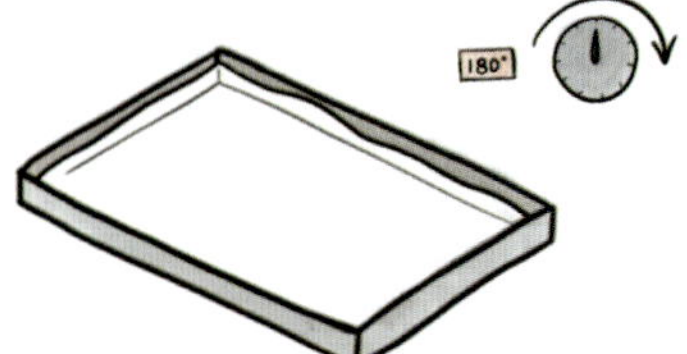

Whakamahana tōmuatia te umu kia 180° tohurau te pāmahana. Ūhia tētahi paeumu ki te rautunu.

2.

Whakapāhukahukatia te pata me te huka ki te koheri hiko kia tāhungahunga rā anō.

3.

Tātarihia atu te puehu parāoa me te kōkō ki roto ki te ranunga tāhungahunga. Kōroritia paitia. Whētuihia atu ngā kāngarere.

4.

Tīkokoa ētahi kokonui o te ranunga ki runga ki te paepae, ka āta kōpē ai.

5.

Tunua ki te umu mō te 15 meneti, kia tetepe rā anō rānei. Tukuna ki te taha kia mātao haere ai.

6.

Mō te panihuka, tātarihia te puehu huka me te kōkō. Āpitihia atu te pata.

7.

Āpitihia atu te nui o te wai wera e tika ana e taea ai te panihuka te panipani. Whakaranua atu te wanira.

8.

Mātao ana ngā pihikete, pania ki te panihuka, ka whakarākei ai ki tētahi wōnati, ina hiahiatia.

HE PIHIKETE ANZAC

E 25 meneti

Ka 22

- Kia ½ o te kapu o tā Edmonds puehu parāoa māori
- Kia ⅓ o te kapu huka
- Kia ⅔ o te kapu niu pūtī kuoro
- Kia ¾ o te kapu rau ōti
- Kia 50 karamu o te pata
- Kia 1 te kokonui waihuka kōura
- Kia ½ o te kokoiti o tā Edmonds pēkena houra
- Kia 2 ngā kokonui wai pāera

Ngā Kai Āwenewene

1.

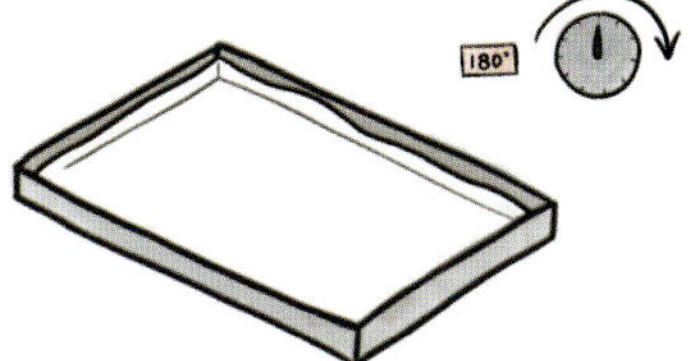

Whakamahana tōmuatia te umu kia 180° tohurau te pāmahana. Ūhia tētahi paeumu ki te rautunu.

2.

Whakahanumitia te puehu parāoa, te huka, te niu me ngā rau ōti.

3.

Whakarewaina te pata me te waihuka kōura.

4.

Whakamemehatia te pēkena houra ki te wai pāera. Āpitihia atu ki te ranunga pata, ka kōrori ai.

5.

Kōroritia atu te ranunga mākū ki ngā kai whakauru maroke.

6.

Meatia atu ētahi kokonui tūpā o te ranunga ki te paeumu kua whakaritea kētia. Takapapangia ki te paoka.

7.

Tunua ki te umu mō te 15 meneti, kia kōura rā anō rānei.

8.

Waiho atu ki te paeumu mō te 5 meneti. Whakawhitihia atu ki te mātiti waea kia mātao haere ai.

HE PIHIKETE TIPI TIAKARETE

Ngā Kai Āwenewene

- Kia 125 karamu o te pata kūteretere
- Kia ¼ o te kapu huka
- Kia 3 ngā kokonui o te miraka kukū reka
- He pata waitāwhara wanira ruarua
- Kia 1½ ngā kapu o tā Edmonds puehu parāoa māori
- Kia 1 te kokoiti o tā Edmonds pēkena paura
- Kia ½ o te kapu tipi tiakarete

1.

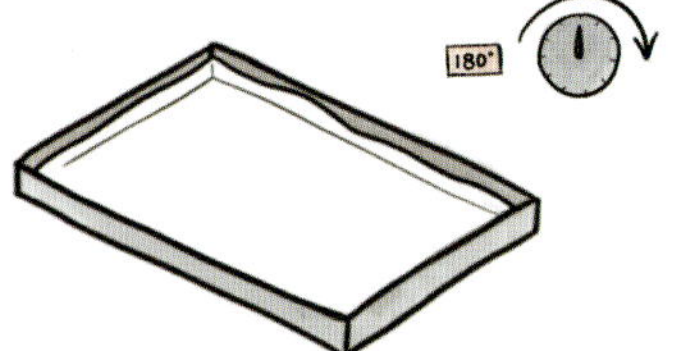

Whakamahana tōmuatia te umu kia 180° tohurau te pāmahana. Ūhia tētahi paeumu ki te rautunu.

2.

Whakapāhukahukatia te pata, te huka, te miraka kukū me te wanira ki te koheri hiko kia tāhungahunga rā anō.

3.

Tātarihia te puehu parāoa me te pēkena paura. Whakaranua atu ki roto ki te ranunga kirīmi.

4.

Kōroritia atu ngā tipi tiakarete ki te koko rākau.

5.

Ahuahungia mai he pōro ki ētahi kokonui ranunga.

6.

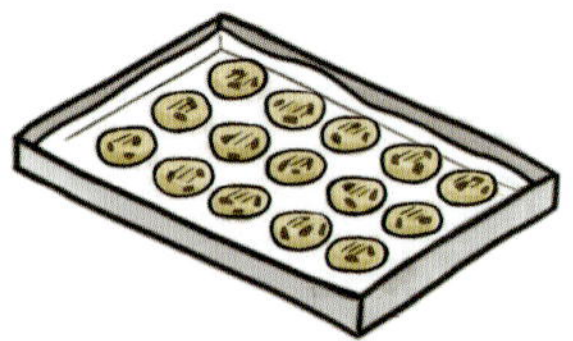

Meatia atu ki te paeumu kua whakaritea kētia. Takapapangia ki te paoka kua puehu parāoangia.

7.

Tunua ki te umu mō te 20 meneti kia kōura rā anō.

8.

Waiho ki te paeumu mō te 1-2 meneti. Whakawhitihia atu ki te mātiti waea kia mātao haere ai.

HE PĀHŪHŪ TIAKARETE

E 40 meneti

Ka 24

- Kia 250 karamu o te hinu huawhenua totoka
- Kia 1 te kapu puehu huka
- Kia ¼ o te kapu kōkō
- Kia 4 ngā kapu puarere, kāngarere rānei
- Kia 1 te kapu niu pūtī

1.

Whakarewaina te hinu huawhenua totoka ki tētahi hōpane.

2.

Tātarihia te puehu huka me te kōkō, ka āpiti atu ai ki te hōpane. Whakaranua paitia.

3.

Tāhorotia atu ngā puarere, ngā kāngarere rānei, me te niu.

4.

Kōroritia tahitia ngā kai katoa.

5.

Tīkokoa atu te ranunga ki roto ki ngā puri kapukeke pepa.

6.

Hoatu ki te pouaka mātao mō te 30 meneti kia tetepe haere ai.

1 hāora

Ka 22

HE PIHIKETE HOKE POKE

- Kia 125 karamu o te pata
- Kia ½ o te kapu huka
- Kia 1 te kokonui waihuka kōura
- Kia 1 te kokonui miraka
- Kia 1½ ngā kapu o tā Edmonds puehu parāoa māori
- Kia 1 te kokoiti o tā Edmonds pēkena houra

1.

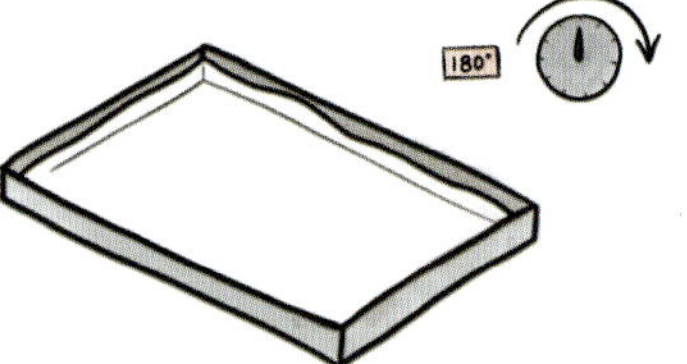

Whakamahana tōmuatia te umu kia 180° tohurau te pāmahana. Ūhia tētahi paepae tunu ki te rautunu.

2.

Whakamahanatia te pata, te huka, te waihuka kōura me te miraka ki te tārahu wawaenga.

3.

Kia rite tonu te kōrorirori kia rewa rā anō te pata, kia tata korohuhū anō te ranunga.

4.

Tangohia atu i te tārahu. Tukuna kia mātao haere, kia tūāmahana noa.

5.

Tātarihia te puehu parāoa me te pēkena houra. Āpitihia atu ki te ranunga mātao. Kōroritia paitia.

6.

Ahuahungia mai he pōro ki ngā kokonui ranunga. Meatia atu ki te paepae tunu kua whakaritea kētia.

7.

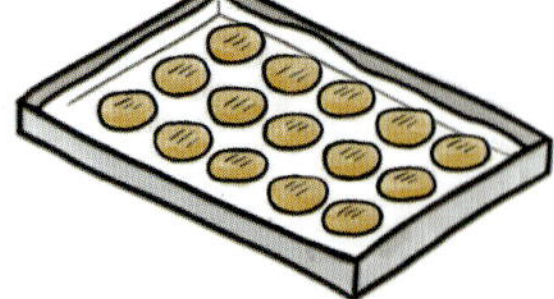

Takapapangia ki te paoka kua puehu parāoangia. Tunua ki te umu mō te 15-20 meneti, kia kōuraura rā anō.

8.

Waiho atu ki te paepae mō te 1-2 meneti. Whakawhitihia atu ki te mātiti waea kia mātao haere ai.

HE PANIWITI POROTAKA

Ngā Kai Āwenewene

- Kia 200 karamu o te pata kūteretere
- Kia ¾ o te kapu puehu huka
- Kia 1 te kapu o tā Edmonds puehu parāoa māori
- Kia 1 te kapu o tā Edmonds puehu kānga Fielder's
- Kia ½ o te kokoiti o tā Edmonds pēkena paura
- He Pani Patahuka (tirohia te whārangi 61), he tiamu rāhipere rānei

1.

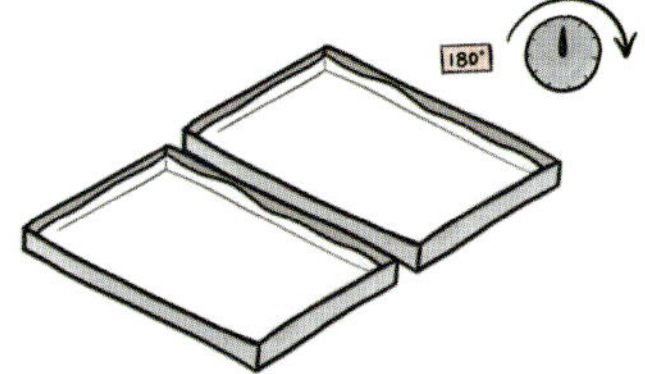

Whakamahana tōmuatia te umu kia 180° tohurau te pāmahana. Ūhia ētahi paepae tunu e rua ki te rautunu.

2.

Whakapāhukahukatia te pata me te puehu huka ki te koheri hiko kia tāhungahunga rā anō.

3.

Tātarihia te puehu parāoa, te puehu kānga me te pēkena paura. Āpitihia atu ki te ranunga. Whakahanumitia kia hua ai he pokenga mōhanihani.

4.

Ahuahungia he pōro ki ētahi kokoiti pūkei o te ranunga. Meatia atu ki ngā paepae tunu kua whakaritea kētia.

5.

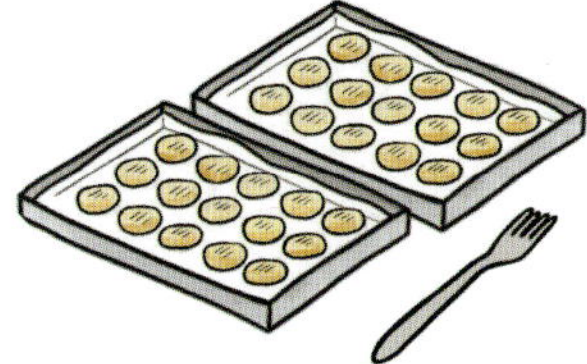

Āta pēhia ihotia ki te paoka kua puehu parāoangia.

6.

Tunua ki te umu mō te 20 meneti, kia tūākōura rā anō rānei a raro.

7.

Waiho atu ki ngā paepae mō te 1-2 meneti. Whakawhitihia atu ki te mātiti waea kia mātao haere ai.

8.

Ka mātao ana, whakapiringia ngā pihikete hei paniwiti ki te Pani Patahuka, ki te tiamu rāhipere rānei.

HE PORO PATAPATA

1½–2 hāora

Ka 30

- Kia 250 karamu o te pata kūteretere
- Kia 1 te kapu puehu huka
- Kia 1 te kapu o tā Edmonds puehu kānga Fielder's
- Kia 2 ngā kapu o tā Edmonds puehu parāoa māori

1.

Whakapāhukahukatia te pata me te puehu huka ki te koheri hiko kia tāhungahunga rā anō.

2.

Tātarihia te puehu kānga me te puehu parāoa. Āpitihia atu ki te ranunga pata.

3.

Pokepokea ki tētahi papa kua puehu parāoangia, nōu e pēhi ana ki ō ringa kia mōhanihani rā anō te pokenga.

4.

Ahuahungia mai he rango ki te pokenga. Tākaia ki te pepa kaupare hinu, ka whakamātao ai mō te 30–40 meneti.

5.

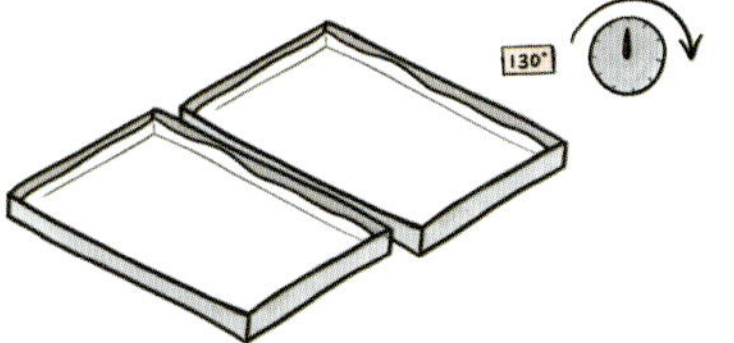

Whakamahana tōmuatia te umu kia 130° tohurau te pāmahana. Ūhia ētahi paepae tunu e 2 ki te rautunu.

6.

Tapahia te rango hei pihikete, kia 5 mitamano te mātotoru.

7.

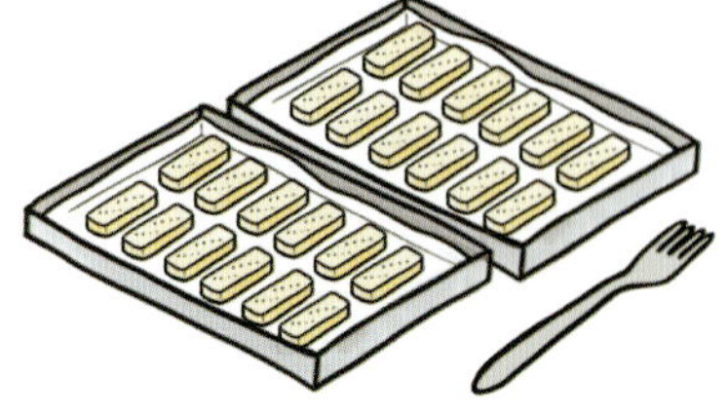

Meatia atu ki ngā paepae kua ūhia ki te rautunu, ka wero atu ai ki te paoka.

8.

Tunua ki te umu mō te 30 meneti, kia tūākōura rā anō.

HE PIHIKETE HINAMONA

E 30 meneti

Ka 20

- Kia 125 karamu o te pata kūteretere
- Kia ¾ o te kapu huka
- Kia 1 te hēki, kei te pāmahana rūma
- Kia 1⅓ ngā kapu o tā Edmonds puehu parāoa māori
- Kia 1½ ngā kokoiti o tā Edmonds pēkena paura
- Kia ⅛ o te kokoiti tote

– TE UHI KIRIKIRI –

- Kia 2 ngā kokonui huka
- Kia 2 ngā kokoiti hinamona

1.

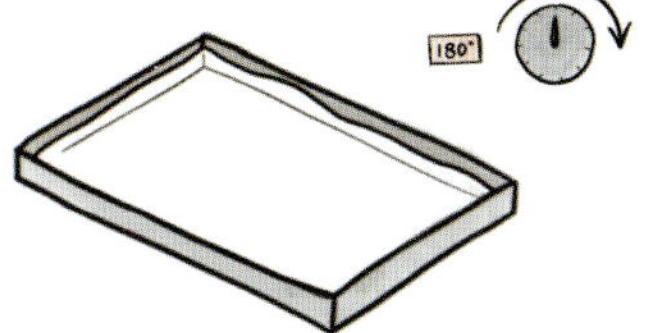

Whakamahana tōmuatia te umu kia 180° tohurau te pāmahana. Ūhia tētahi paepae tunu ki te rautunu.

2.

Whakapāhukahukatia te pata me te huka ki te koheri hiko. Āpitihia atu te hēki. Koheria paitia.

3.

Whakaranua te puehu parāoa, te pēkena paura me te tote. Āpitihia atu ki te ranunga hēki. Kōroritia.

4.

Ki ō ringa kua puehu parāoangia, ahuahungia mai he pōro ki ngā kokonui ranunga.

5.

Mō te uhi kirikiri, whakahanumitia te huka me te hinamona.

6.

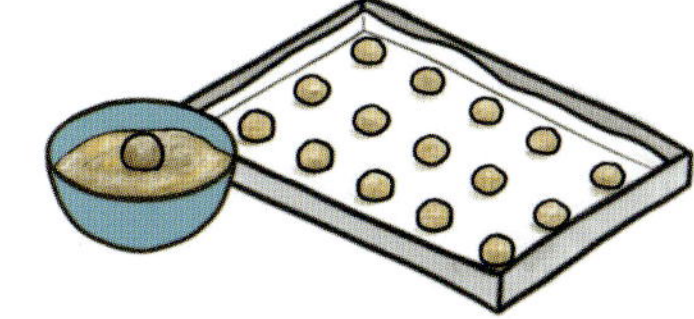

Ūhia ngā pōro ki te huka hinamona. Meatia ki te paepae kua whakaritea kētia, kia 5 henemita te tawhiti o tētahi i tētahi.

7.

Tunua ki te umu mō te 8–10 meneti, kia kōura rā anō ngā tapa.

8.

Waiho atu ki te paepae mō te 1–2 meneti. Whakawhitihia atu ki te mātiti waea kia mātao haere ai.

HE PIHIKETE WHETŪ

E 40 meneti

Ka 18

- Kia 170 karamu o te pata
- Kia 3/4 o te kapu huka kuoro
- Kia 2 ngā kokoiti waitāwhara wanira
- Kia 1½ ngā kapu o tā Edmonds puehu parāoa kounga
- Kia 3/4 o te kapu o tā Edmonds puehu kānga

- HEI WHAKARĀKEI -

- Kia 150 karamu o te tiakarete uriuri mō te tao
- Kia 30 karamu o te ruireka

1.

Ki te koheri hiko, koheria te pata, te huka kuoro me te wanira mō te 3 meneti, kia tāhungahunga rā anō.

2.

Tātarihia atu te puehu parāoa me te puehu kānga ki te ranunga, ka whakahanumi ai kia hua ai he pokenga mohe. Ahuahungia hei pōro.

3.

Ūhia tētahi paepae tunu ki te rautunu. Meatia te pokenga ki te pepa, ka taupoki atu ai ki tētahi anō wāhi rautunu. Takapapangia (kei kōrahirahi rawa).

4.

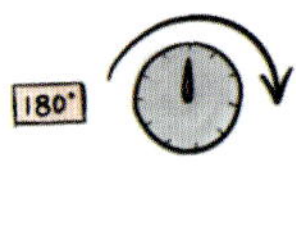

Whakamātaohia ki te pouaka mātao mō te 20 meneti. Whakamahana tōmuatia te umu kia 180° tohurau te pāmahana.

5.

Pokaina ētahi whetū i te pokenga, ka whakatakoto ai ki te paepae tunu.

6.

Tunua ki te umu mō te 8–10 meneti, kia tūākōura rā anō rānei. Tangohia atu i te paepae tunu, ka waiho ai kia mātao haere.

7.

Ki te ngaruiti, tunua te tiakarete ki te pae wawaenga mō te 30 hēkona, ka kōrori ai. Toaitia kia rewa, kia mōhanihani rā anō.

Toua tētahi haurua o ia pihikete ki te tiakarete, ka whakarākei ai ki te ruireka. He rawe ēnei pihikete hei whakanui i a Matariki.

HE PORO PUAREARE

E 20 meneti

Ka 16

- Kia 160 karamu o te pata
- Kia 1 te kapu huka
- Kia 4 ngā kokonui mīere
- Kia 6 ngā kapu puarere
- Kia ½ o te kapu nati kua kotikotia, o te niu ngakungaku rānei

1.

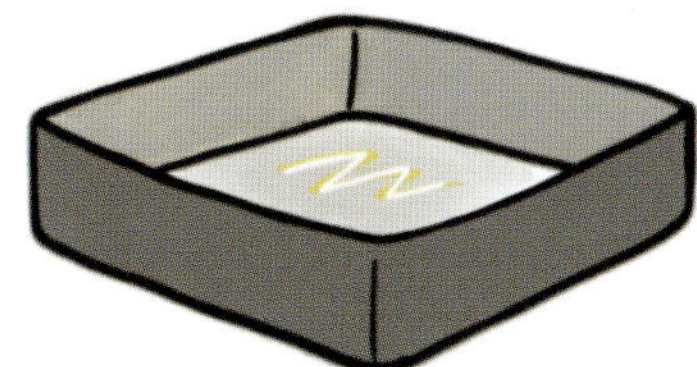

Whakahinuhinutia tētahi paeumu tapawhā, e 20 henemita te rahi.

2.

Meatia atu te pata, te huka me te mīere ki tētahi oko nui e pai ana mō te ngaruiti.

3.

Tunua ki te ngaruiti, ki te pae kaha, mō te 3 meneti. Kōroritia, ā, kia rua anō ngā toaitanga.

4.

I tōna tikanga, kua rewa te pata, ā, kua tūākōura te ranunga.

5.

Whētuihia atu ngā puarere me ngā nati, te niu rānei, ki te ranunga.

6.

Pēhia ihotia te ranunga ki roto ki te paeumu. Tapahia hei poro ka mātao ana.

1½ hāora

Ka 20

HE POROKEKE TIAKARETE

- Kia 150 karamu o te pata
- Kia 1 te kapu kōkō
- Kia 4 ngā hēki, kei te pāmahana rūma
- Kia 2 ngā kapu huka
- Kia 1 te kokoiti waitāwhara wanira
- Kia ¾ o te kapu o tā Edmonds puehu parāoa māori
- Kia 1 te kokoiti o tā Edmonds pēkena paura
- Kia 250 karamu o te tiakarete uriuri, kua kotikotia
- He puehu huka, hei rui pūnehu

1.

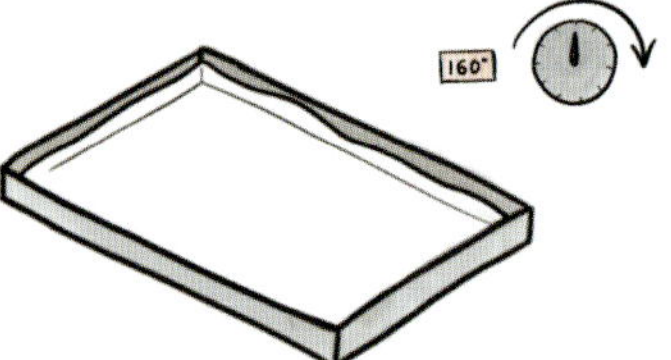

Whakamahana tōmuatia te umu kia 160° tohurau te pāmahana. Whakahinuhinutia, ūhia hoki tētahi paeumu pāpaku, e 27 henemita mā te 18 henemita te rahi.

2.

Whakarewaina te pata. Kōroritia atu te kōkō. Āpitihia takitahingia ngā hēki, ka koheri anō i ia āpitihanga.

3.

Āpitihia atu te huka, te wanira, te puehu parāoa kua tātarihia, te pēkena paura me te tiakarete. Kōroritia paitia.

4.

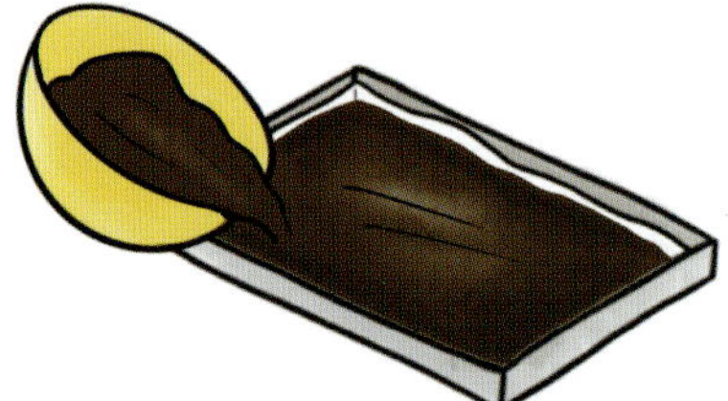

Tāhorotia atu te ranunga ki te paeumu kua whakaritea kētia.

5.

Tunua ki te umu mō te 45-50 meneti, kia rangona rā anōtia te tūāmārō ka pēhia ana a waenganui.

6.

Waiho ki te paeumu mō te 20 meneti, ka whakawhiti atu ai ki tētahi mātiti waea kia mātao ai.

7.

Unuhia te rautunu, ka kauhuri ai i te porokeke ki tētahi anō mātiti.

8.

Ka mātao ana, ruia pūnehutia ki te puehu huka, ka tapahi ai hei poro tapawhā.

HE PORO ŌTI

1 hāora

Ka 24

- Kia 250 karamu o te pata
- Kia ½ o te kapu huka kuoro
- Kia 3 ngā kokonui mīere
- Kia 1 te kokonui pata pīnati
- Kia 2½ ngā kapu rau ōti
- Kia 1 te kapu niu ngakungaku
- Kia ½ o te kapu aperekoti kua kotikotia
- Kia ¾ o te kapu reihana
- Kia 1 te kokoiti hinamona
- Kia 70 karamu o te rau āmana
- Kia ¼ o te kapu kano puarā

1.

Whakamahana tōmuatia te umu kia 160° tohurau te pāmahana. Ūhia tētahi paeumu, e 20 henemita mā te 30 henemita te rahi, ki te rautunu.

2.

Whakarewaina te pata, te huka, te mīere me te pata pīnati. Kōroritia. Kei tuku kia pāera.

3.

Whakaranua ngā kai whakauru e toe ana ki tētahi oko nui. Tāhorotia atu te ranunga pata. Kōroritia paitia.

4.

Riringihia atu ki roto ki te paeumu kua whakaritea kētia. Pēhia ihotia ki te rapa kia kī katoa ai te paeumu.

5.

Tunua ki te umu kia kōura rā anō. Kia kaua e roa ake i te 40 meneti. (Tirohia hei mua atu, hei te 35 meneti.)

6.

Tukuna kia mātao i te paeumu. Tapahia hei poro ka mātao pai ana.

1 hāora

Ka 24

HE PORO TIAKARETE ME TE KARAMERA

- TE PAPA -

- Kia 150 karamu o te pata
- Kia 1 te kokonui waihuka kōura
- Kia ½ o te kapu huka hāura
- Kia 1 te kapu rau ōti
- Kia 1 te kapu o tā Edmonds puehu parāoa māori
- Kia 1 te kokoiti o tā Edmonds pēkena paura

- MŌ RUNGA -

- Kia 1 te kapu huka hāura
- Kia 2 ngā kokonui o te miraka kukū reka
- Kia 2 ngā kokonui pata
- Kia 1 te kapu puehu huka
- Kia 1 te kokonui wai wera
- He Panihuka Tiakarete (tirohia te whārangi 66), kia 100 karamu rānei o te tiakarete uriuri, kua rewa

1.

Whakamahana tōmuatia te umu kia 180° tohurau te pāmahana. Whakahinuhinutia, ūhia hoki tētahi paeumu keke, e 20 henemita te rahi.

2.

Whakarewaina te pata, te waihuka kōura me te huka hāura.

3.

Āpitihia atu ngā rau ōti, te puehu parāoa me te pēkena paura kua tātarihia. Whakaranua kia hua ai he pokenga tūāmārō.

4.

Ki te rapa, kia taurite te pēhia ihotia o te pokenga ki te paeumu kua whakaritea kētia. Tunua ki te umu mō te 15 meneti.

5.

Mō te uhi o runga, whakamahanatia te huka hāura, te miraka kukū me te pata, kia korohuhū rā anō.

6.

Āpitihia atu te puehu huka me te wai. Tāwhiuwhiu tahitia kia hua ai he karamera.

7.

Tangohia atu te papa poro i te umu. Pania ki te ranunga karamera mahana. Tukuna kia mātao haere i roto tonu i te paeumu ki runga i te mātiti waea.

8.

Ka mātao ana, pania atu te Panihuka Tiakarete, te tiakarete rewa rānei. Tapahia hei poro ka tetepe ana.

HE PORO TINITIA PAKEPAKĒ

E 45 meneti

Ka 24

- TE PAPA -

- Kia ½ o te kapu huka
- Kia 1½ ngā kapu o tā Edmonds puehu parāoa māori
- Kia 1 te kokoiti o tā Edmonds pēkena paura
- Kia 1 te kokoiti nehu tinitia
- Kia 125 karamu o te pata, kua tapahi mataonotia, kua kūteretere hoki

- TE PANIHUKA TINITIA -

- Kia 55 karamu o te pata
- Kia 1 te kokonui waihuka kōura
- Kia 2 ngā kokonui nehu tinitia
- Kia ½ o te kapu puehu huka

1.

Whakamahana tōmuatia te umu kia 180° tohurau te pāmahana. Whakahinuhinutia, ūhia hoki tētahi paeumu, e 20 henemita mā te 30 henemita te rahi.

2.

Kia putuputu te whakaranu i ngā kai whakauru maroke ki te tāwhirowhiro. Āpitihia atu te pata. Tāwhirowhirohia kia hua ai he kongakonga kuoro.

3.

Tāhorotia atu ki roto ki te paeumu kua whakaritea kētia. Kia taurite te horahia. Kia kaha te pēhi iho ki ō matimati.

4.

Tunua ki te umu mō te 20–25 meneti kia tūākōura rā anō.

5.

Mō te panihuka, āta whakamahanatia te pata, te waihuka kōura me te tinitia. Kōroritia kia rewa rā anō. Tātarihia atu te puehu huka.

6.

Whakaranua kia hanumi pai te panihuka.

7.

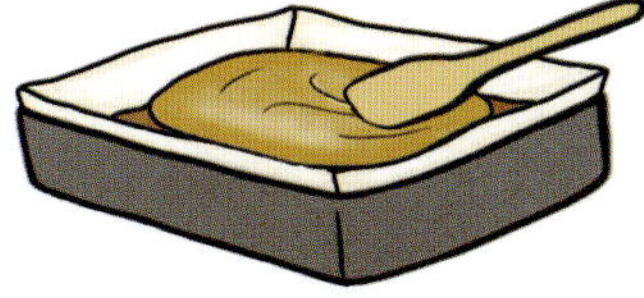

Unuhia te paeumu i te umu. Tāhorotia atu te panihuka ki runga ki te papa poro. Pania hei paparanga angiangi.

8.

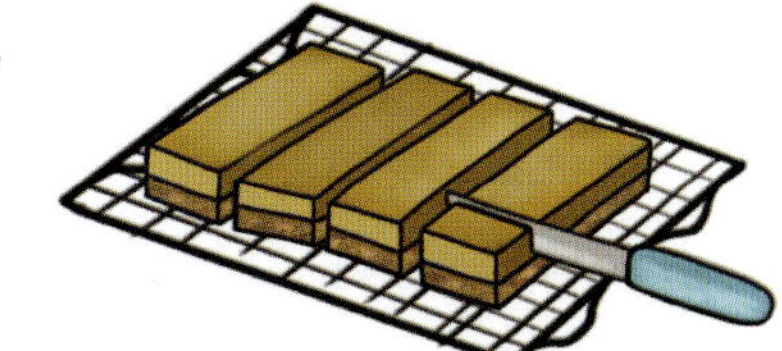

Tangohia atu, ka tuku ai ki tētahi mātiti waea kia mātao ai. Tapahia hei kakau.

E 30 meneti

Ka 12

HE MĀWHENA

- Kia 3/4 o te kapu o tā Edmonds puehu parāoa wīti tikitū
- Kia 3/4 o te kapu o tā Edmonds puehu parāoa māori
- Kia 1 te kokoiti o tā Edmonds pēkena paura
- He kini tote
- Kia 1/2 o te kapu huka hāura
- Kia 1/2 o te kapu tipi tiakarete
- Kia 50 karamu o te pata, kua rewa
- Kia 1 te hēki, kei te pāmahana rūma
- Kia 1/2 o te kokoiti o tā Edmonds pēkena houra
- Kia 3/4 o te kapu miraka

1.

Whakamahana tōmuatia te umu kia 200° tohurau te pāmahana. Whakahinuhinutia tētahi pae māwhena, kia 12 ngā rua.

2.

Tātarihia ngā puehu parāoa, te pēkena paura me te tote ki tētahi oko. Kōroritia atu te huka. Āpitihia atu ngā tipi tiakarete.

3.

Whakaranua te pata rewa kua mātao me te hēki ki tētahi oko. Whakamemehatia te pēkena houra ki te miraka ki rō tiaka.

4.

Tāhorotia atu ngā ranunga mākū ki te ranunga maroke. Kia horo te whakaranu ki te māripi kōpuku. Kei kaha rawa te whakaranu.

5.

Tīkokoa atu te ranunga ki ngā rua pae māwhena kua whakaritea kētia.

6.

Tunua ki te umu mō te 12–15 meneti kia ara, kia kōura rā anō. Tukuna ki te mātiti waea kia mātao haere ai.

- PANONITANGA 1 -

Mō te māwhena panana, āpitihia atu te 1/2 o te kapu panana penupenu whai muri atu i ngā kai whakauru kua tātarihia.

- PANONITANGA 2 -

Mō te māwhena huapere, āpitihia atu te 1/2 o te kapu huapere tio, māota rānei, whai muri atu i ngā kai whakauru kua tātarihia.

HE KAPUKEKE

E 30 meneti

Ka 12

- Kia 125 karamu o te pata kūteretere
- Kia 1 te kokoiti o te waitāwhara wanira
- Kia ½ o te kapu huka kuoro
- Kia 2 ngā hēki, kei te pāmahana rūma
- Kia 1 te kapu o tā Edmonds puehu parāoa māori
- Kia 2 ngā kokoiti o tā Edmonds pēkena paura
- Kia ¼ o te kapu miraka

1.

Whakamahana tōmuatia te umu kia 190° tohurau te pāmahana. Meatia he puri keke pepa ki tētahi pae māwhena, kia 12 ngā rua.

2.

Whakapāhukahukatia te pata, te wanira me te huka ki te koheri hiko kia tāhungahunga rā anō.

3.

Āpitihia takitahingia ngā hēki, ka koheri pai anō i ia āpitihanga.

4.

Tātarihia te puehu parāoa me te pēkena paura. Āta whētuihia atu ki te ranunga tāhungahunga. Kōroritia atu te miraka.

5.

Tīkokoa atu te ranunga ki ngā puri keke pepa. Tunua ki te umu mō te 15 meneti kia tupana rā anō ngā keke ka āta pēhia ana.

6.

Whakawhitihia atu ki tētahi mātiti waea kia mātao haere ai. Panihukatia, whakarākeingia hoki ki tāu i pai ai.

- PANONITANGA 1 -

Mō te Kapukeke Panihuka Māwhero, whāia te tohutao mō te Pani Patahuka (tirohia te whārangi 61) ka āpiti tahi atu ai i te ¼ o te kokoiti whakakarakara kai whero me te waitāwhara wanira.

- PANONITANGA 2 -

Mō te Kapukeke Tiakarete, whakakapia ngā kokonui puehu parāoa e 2 ki ngā kokonui kōkō e 2. Pania ki te Panihuka Tiakarete (tirohia te whārangi 66), ki te Pani Patahuka Tiakarete rānei (tirohia te whārangi 61).

HE TAKAKAU

- Kia 3 ngā kapu o tā Edmonds puehu parāoa māori
- Kia 5 ngā kokoiti o tā Edmonds pēkena paura
- Kia ¼ o te kokoiti tote
- Kia 75 karamu o te pata mātao
- Ko tōna 1¼ ngā kapu miraka
- He miraka āpiti, ko tōna ¼ o te kapu

1.

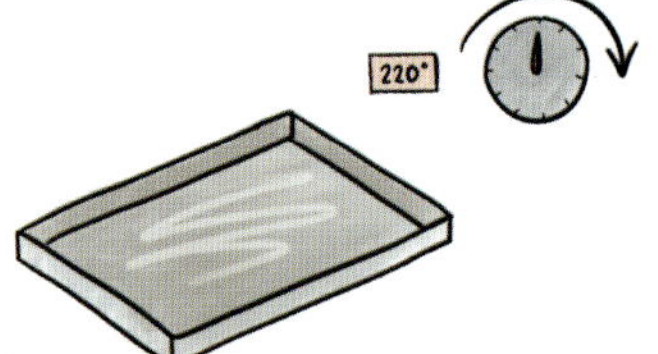

Whakamahana tōmuatia te umu kia 220° tohurau te pāmahana. Whakahinuhinutia, puehu parāoangia rānei tētahi paepae tunu.

2.

Tātarihia te puehu parāoa, te pēkena paura me te tote ki tētahi oko.

3.

Kōmiria atu te pata ki ngā toi matimati, kia kongakonga parāoa kuoro rā anō te hanga o te ranunga.

4.

Āpitihia atu te miraka. Kia horo te whakaranu ki te māripi kōpuku kia hua ai he pokenga mohe, hāpiapia hoki.

5.

Wakuwakua atu te pokenga ki runga ki te paepae tunu kua whakaritea kētia. Puehu parāoangia a runga.

6.

Kia horo te pōpō i te pokenga kia 2 henemita rā anō te mātotoru.

7.

Tapahia kia 12 katoa ngā wāhi taurite. Whakatakotoria kia 2 henemita te tawhiti o tētahi i tētahi. Tahia a runga o ngā wāhi ki te miraka āpiti.

8.

Tunua ki te umu mō te 10 meneti kia kōura rā anō. Hipokina ki te tī tāora mā. Tukuna ki tētahi mātiti waea kia mātao haere ai.

HE PANIKEKE ITI

E 20 meneti

Ka 18

- Kia 1 te kapu o tā Edmonds puehu parāoa māori
- Kia 1 te kokoiti o tā Edmonds pēkena paura
- Kia ¼ o te kokoiti tote
- Kia 1 te hēki, kei te pāmahana rūma
- Kia ¼ o te kapu huka
- Ko tōna ¾ o te kapu miraka
- Kia 3 ngā kokonui pata, kua rewa, kua wāhi mātao hoki

Ngā Kai Āwenewene

1.

Tātarihia te puehu parāoa, te pēkena paura me te tote ki tētahi oko.

2.

Tāwhiuwhiuhia te hēki me te huka, kia kōmā, kia kukū rā anō.

3.

Āpitihia atu te ranunga hēki me te miraka ki ngā kai whakauru maroke.

4.

Whakaranua kia wāhi hanumi rā anō. Āpitihia atu he miraka anō ki te hiahiatia.

5.

Āta whakamahanatia tētahi wāhi pata ki te parai piri kore.

6.

Tukuna atu ētahi kokonui o te ranunga.

7.

Ka kitea ana he mirumiru, kauhurihia, ka tunu ai i tērā atu taha kia kōura rā anō.

8.

Tiakina ki te tī tāora mā kia mahana tonu ai. Kainga mahanatia ki te tiamu me te wāhi kirīmi pāhukahuka.

1½ hāora

Ka 1

HE ROHI PANANA

- Kia 1¾ ngā kapu o tā Edmonds puehu parāoa whakarewa
- Kia ¼ o te kokoiti o tā Edmonds pēkena houra
- Kia ¼ o te kokoiti tote
- Kia ½ o te kapu huka
- Kia 2 ngā hēki, kei te pāmahana rūma
- Kia ¼ o te kapu miraka
- Kia 75 karamu o te pata, kua rewa
- Kia 1 te kapu o te panana penupenu

1.

Whakamahana tōmuatia te umu kia 180° tohurau te pāmahana. Whakahinuhinutia, ūhia hoki tētahi paeumu rohi, e 26 henemita mā te 13 henemita te nui.

2.

Tātarihia te puehu parāoa, te pēkena houra me te tote ki tētahi oko. Whakaranua atu te huka.

3.

Ki tētahi anō oko, koheria ngā hēki. Kōroritia atu te miraka, te pata me te panana.

4.

Tāhorotia atu ngā kai whakauru mākū ki ngā kai whakauru maroke.

5.

Kōroritia kia wāhi hanumi rā anō.

6.

Tīkokoa atu te ranunga ki te paeumu rohi kua whakaritea kētia.

7.

Tunua ki te umu mō te 45–55 meneti, kia puta mā mai rānei tētahi pūrau ka titia ki te puku tonu.

8.

Waiho ki te paeumu mō te 10 meneti. Whakawhitihia atu ki tētahi mātiti waea, kia mātao ai.

HE KEKE KĀROTI

E 55 meneti

Ka 10 ngā tohanga

- Kia ¾ o te kapu hinu kanōra
- Kia 1 te kapu huka hāura e noho kiato ana
- Kia 3 ngā hēki, kei te pāmahana rūma
- Kia 3 ngā kapu kāroti kuoro e noho kiato ana (kia 3 pea ngā kāroti nui)
- Kia ½ o te kapu wōnati kua kotikotia
- Kia 2 ngā kapu o tā Edmonds puehu parāoa māori
- Kia 2 ngā kokoiti o tā Edmonds pēkena paura
- Kia ½ o te kokoiti o tā Edmonds pēkena houra
- Kia 1 te kokoiti hinamona
- He Panihuka Tīhi Kirīmi (tirohia te whārangi 60)
- He wōnati kua kotikotia, he kano paukena, he paināporo menge, he papaia hei whakarākei (he kōwhiringa)

1.

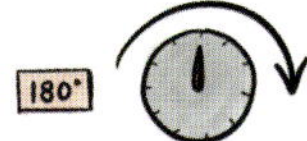

Whakamahana tōmuatia te umu kia 180° tohurau te pāmahana. Whakahinuhinutia, ūhia hoki tētahi paeumu keke porohita, e 20 henemita te nui.

2.

Koheria te hinu, te huka me ngā hēki mō te 5 meneti ki te koheri hiko, kia kukū rā anō. Whētuihia atu te kāroti me ngā wōnati.

3.

Tātarihia te puehu parāoa, te pēkena paura, te pēkena houra me te hinamona. Whētuihia atu ki te ranunga mākū.

4.

Meatia atu te ranunga ki te paeumu. Tunua ki te umu mō te 1 hāora, kia puta mā mai rānei tētahi pūrau ka titia ki te puku tonu.

5.

Waiho atu ki te paeumu mō te 10 meneti. Whakawhitihia atu ki tētahi mātiti waea, kia mātao haere ai.

6.

Pania ki te panihuka, ka ruirui ai ki te wōnati, ngā kano me te huamenge.

HE KEKE TIAKARETE

1½ hāora

Ka 8 ngā tohanga

- Kia 175 karamu o te pata kūteretere
- Kia 1¾ ngā kapu huka
- Kia 1 te kokoiti waitāwhara wanira
- Kia 3 ngā hēki, kei te pāmahana rūma
- Kia ½ o te kapu kōkō
- Kia 2 ngā kapu o tā Edmonds puehu parāoa māori
- Kia 2 ngā kokoiti o tā Edmonds pēkena paura
- Kia 1 te kapu miraka
- He Pani Patahuka Tiakarete (tirohia te whārangi 61)
- He puehu huka (he kōwhiringa)

1.

Whakamahana tōmuatia te umu kia 180° tohurau te pāmahana. Whakahinuhinutia, ūhia hoki tētahi paeumu keke porohita, e hōhonu ana, e 22 henemita hoki te rahi.

2.

Whakapāhukahukatia te pata, te huka me te wanira ki te koheri hiko kia tāhungahunga rā anō.

3.

Āpitihia takitahingia ngā hēki, ka koheri pai anō i ia āpitihanga.

4.

Tātarihia te kōkō, te puehu parāoa me te pēkena paura ki tētahi oko.

5.

Kia hohoko te āpitihia atu o ngā puehu me te miraka ki te ranunga tāhungahunga. Tāhorotia atu ki te paeumu kua whakaritea kētia.

6.

Tunua ki te umu mō te 45–55 meneti, kia tupana rā anō rānei te keke ka āta pēhia ana.

7.

Waiho atu ki te paeumu mō te 10 meneti. Whakawhitihia atu ki te mātiti waea kia mātao haere ai.

8.

Pania ki te Pani Patahuka Tiakarete (tirohia te whārangi 61), ruia pūnehutia rānei ki te puehu huka.

HE KEKE MĀPERE

1 hāora

Ka 8 ngā tohanga

- Kia 3 ngā hēki, kei te pāmahana rūma
- Kia ¾ o te kapu huka kuoro
- Kia 1 te kapu o tā Edmonds puehu parāoa māori
- Kia 1 te kokoiti o tā Edmonds pēkena paura
- Kia 50 karamu o te pata
- Kia 2 ngā kokonui wai pāera
- Kia 1 te kokonui kōkō
- Kia 2-3 ngā pata whakakarakara kai whero
- He Pani Patahuka (tirohia te whārangi 61)
- He puehu huka (he kōwhiringa)

1.

Whakamahana tōmuatia te umu kia 180° tohurau te pāmahana. Whakahinuhinutia, ūhia hoki tētahi paeumu keke porohita, e 20 henemita te rahi.

2.

Koheria ngā hēki kia huhuka rā anō. Kia harangotengote te āpiti atu i te huka, ka koheri hoki kia kukū pai, kia kōmā anō te ranunga.

3.

Tātarihia te puehu parāoa me te pēkena paura, ka whētui atu ai ki te ranunga hēki. Whakaranua atu te pata kua whakarewaina ki te wai pāera.

4.

Hautorungia te pokewai. Kōroritia atu ko te kōkō ki tētahi hautoru, ko te whakakarakara ki tētahi atu. Waiho te hautoru whakamutunga kia māori noa.

5.

Tīkokoa atu te ranunga ki te paeumu, kia tāeka te hanga. Kōripotia ki te māripi.

6.

Tunua ki te umu mō te 20-25 meneti, kia tupana rā anō rānei te keke ka āta pēhia ana.

7.

Waiho ki te paeumu mō te 10 meneti. Whakawhitihia ki te mātiti waea kia mātao haere ai.

8.

Pania ki te Pani Patahuka, ruia pūnehutia rānei ki te puehu huka.

E 2 hāora

Ka 8 ngā tohanga

HE KEKE PANANA

- Kia 2½ ngā kapu o tā Edmonds puehu parāoa whakarewa
- Kia 1 te kokoiti o tā Edmonds pēkena houra
- Kia 1 te kapu huka kuoro
- Kia 4 ngā hēki kua wāhi koheria, kei te pāmahana rūma
- Kia 2½ ngā kapu panana penupenu (tōna 4 ngā panana)
- Kia 1 te kapu hinu huawhenua
- He Panihuka Tīhi Kirīmi (tirohia te whārangi 60)

1.

Whakamahana tōmuatia te umu kia 160° tohurau te pāmahana. Whakahinuhinutia, ūhia hoki tētahi paeumu keke porohita, e 20 henemita te rahi.

2.

Tātarihia te puehu parāoa me te pēkena houra ki tētahi oko.

3.

Karia he rua ki te puku, ka kōrori atu ai i te huka, ngā hēki, te panana me te hinu.

4.

Āta whakaranua kia hua ai he pokewai mōhanihani. Tāhorotia atu ki te paeumu kua ūhia kētia.

5.

Tunua ki te umu mō te 1½ hāora, kia puta mā mai rānei tētahi pūrau ka titia ki te puku tonu.

6.

Tukuna kia mātao katoa, ka pani ai ki te Panihuka Tīhi Kirīmi ki te māripi papatahi.

HE KEKE KŌPUNGA

E 50 meneti

Ka 6 ngā tohanga

- Kia 3 ngā hēki, kei te pāmahana rūma
- He kini tote
- Kia ¾ o te kapu huka kuoro
- Kia 1 te kapu o tā Edmonds puehu parāoa māori
- Kia 1 te kokoiti o tā Edmonds pēkena paura
- Kia 50 karamu o te pata, kua rewa
- Kia 4 ngā kokonui tiamu, kia 200 ritamano hoki o te kirīmi pāhukahuka, mō te wā kai

1.

Whakamahana tōmuatia te umu kia 180° tohurau te pāmahana. Whakahinuhinutia, ūhia hoki tētahi paeumu keke tapawhā, e 20 henemita te rahi.

2.

Ki te koheri hiko, koheria tahitia ngā hēki me te tote kia huhuka rawa atu. Ka 1 mēneti pea e pēnei ai.

3.

Kia harangotengote te āpiti atu i te huka, kia kaha hoki te koheri.

4.

Koheria tonutia mō te 5 meneti kia kōmā pai, kia tāhungahunga rawa atu anō te ranunga.

5.

Tātarihia te puehu parāoa me te pēkena paura. Tātarihia anō ki runga ki te ranunga hēki. Āta whētuihia atu.

6.

Whētuihia atu te pata rewa. Whakahanumitia paitia. Tāhorotia atu te ranunga ki te paeumu kua ūhia kētia.

7.

Tunua ki te umu mō te 25-30 meneti kia kōura, kia tupana rā anō te keke ka āta pēhia ana.

8.

Tukuna ki te mātiti waea kia mātao ai. Ka mātao ana, āta hauruangia te keke. Pania tētahi haurua ki te tiamu, whāia rā ko te kirīmi, ka taupokina ai ki te haurua tuarua.

E 30 meneti

Ka 12–16

HE TŌNATI UMU

- Kia 2 ngā kapu o tā Edmonds puehu parāoa māori
- Kia 3 ngā kokoiti o tā Edmonds pēkena paura
- Kia ¼ o te kapu huka
- Kia 125 karamu o te pata mātao rawa, kua kuorotia
- Kia ¾ o te kapu miraka
- Kia 1 te hēki nui, kei te pāmahana rūma

- TE UHI KIRIKIRI -

- Kia ¾ o te kapu huka
- Kia 4 ngā kokonui hinamona
- Kia 80 karamu o te pata, kua rewa

1.

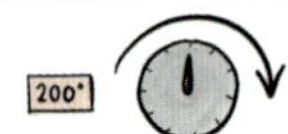

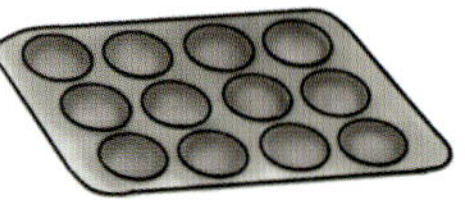

Whakamahana tōmuatia te umu kia 200° tohurau te pāmahana. Whakahinuhinutia tētahi pae māwhena, kia 12 ngā rua, he porotaka hoki a raro.

2.

Tātarihia te puehu parāoa me te pēkena paura. Kōroritia atu te huka. Kia horo te kōrori atu i te pata ki te māripi.

3.

Tāwhiuwhiu tahitia te miraka me te hēki. Tāhorotia atu ki ngā kai whakauru maroke.

4.

Whakaranua ki te māripi, ki te rapa rānei (kaua ki ngā ringa).

5.

Ki ō ringa kua wāhi puehu parāoangia, meatia atu tētahi pōro ranunga ki ia rua māwhena.

6.

Tunua ki te umu mō te 10 meneti kia kōura, kia pakapaka rā anō.

7.

Whakahanumitia te huka me te hinamona.

8.

Pīroritia ngā tōnati mahana ki te pata rewa, kātahi ki te huka me te hinamona.

HE KŌHANGA MERENGE

1½ hāora

Ka 6 ngā tohanga

- Kia 4 ngā kahu hēki, kei te pāmahana rūma
- Kia 1½ ngā kapu huka kuoro
- Kia 1 te kokonui o tā Edmonds puehu kānga Fielder's
- Kia 1 te kokoiti winika mā
- Kia 1 te kokoiti waitāwhara wanira
- He kirīmi pāhukahuka, mō te wā kai
- He huarākau māota o te wā, he tiakarete kuoro anō/rānei, hei kīnaki

1.

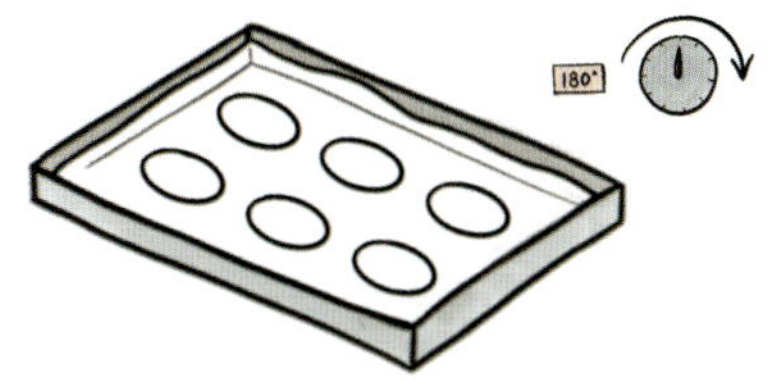

Whakamahana tōmuatia te umu kia 180° tohurau te pāmahana. Tuhia kia ono ngā porohita, kia 10 henemita te rahi, ki tētahi wāhi rautunu nui. Meatia atu ki te paepae.

2.

Koheria ngā kahu hēki ki te koheri hiko, kia hua rā anō he keo momohe.

3.

Kia harangotengote te āpiti atu i te huka, kia rite tonu hoki te koheri kia kukū rā anō, kia mōhinuhinu anō.

4.

Whakahanumitia te puehu kānga, te winika me te wanira. Āpitihia ki te ranunga hēki. Koheria ki te pae kaha mō te 5 meneti.

5.

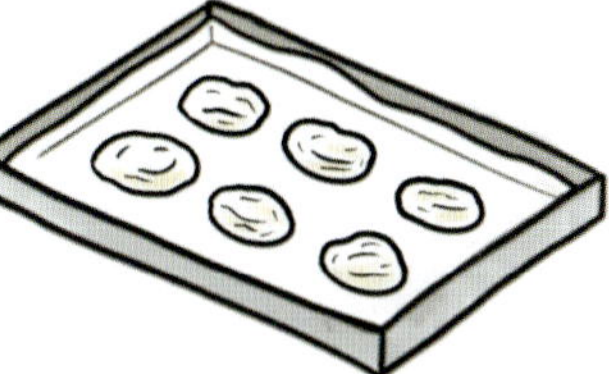

Kia taurite te wāwāhia o te ranunga ki runga ki ngā porohita, ka hora ai kia tata pā atu ki ngā tapa.

6.

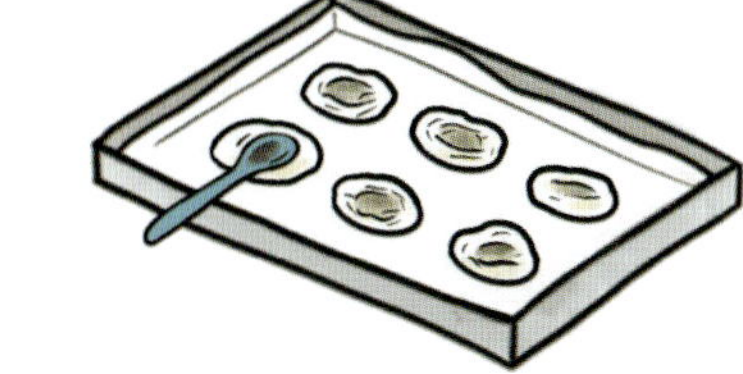

Ki te muri o tētahi kokonui, ahuahungia tētahi rua pāpaku ki te puku o ia porohita.

7.

Hoatu ki te umu. Whakahekea te pāmahana ki te 100° tohurau. Tunua mō te 50 meneti. Whakawetongia te umu, ka wāhi huaki ai i te tatau.

8.

Ka mātao ana, whakarākeingia ki te kirīmi, te huarākau me te tiakarete kuoro.

HE TĀKONGAKONGA ĀPORO

- Kia 6 ngā āporo wawaenga
- Kia 1/2 o te kapu wai
- Kia 1 te kokoiti wai rēmana
- Kia 1 te kokoiti o te kiri rēmana kuoro
- Kia 1 te kokoiti hinamona
- Kia 3/4 o te kapu o tā Edmonds puehu parāoa māori
- Kia 1 te kapu huka hāura
- Kia 125 karamu o te pata
- He kirīmi pāhukahuka, mō te wā kai

Ngā Kai Āwenewene

1.

Whakamahana tōmuatia te umu kia 180° tohurau te pāmahana. Waruwarua ngā āporo, tīkarohia ngā uho, ka kōripi ai i te kiko.

2.

Horahia te āporo ki tētahi kumete kōpaki nui.

3.

Ruiruia atu te wai, te wai rēmana, te kiri rēmana me te hinamona.

4.

Meatia atu te puehu parāoa me te huka hāura ki tētahi oko.

5.

Kotikotia te pata, ka āpiti atu ai.

6.

Ki ō matimati mā, kōmiria atu te pata ki roto kia tākongakonga rā anō te ranunga.

7.

Ruia katoatia a runga o te āporo ki ngā kongakonga. Tunua ki te umu mō te 40–45 meneti.

8.

Kainga weratia ki te kirīmi pāhukahuka.

HE PURINI PARĀOA ME TE PATA

E 45 meneti

Ka 4–6 ngā tohanga

- Kia 8 ngā kōripi parāoa mātotoru
- Kia 50 karamu o te pata
- Kia ½ o te kapu reihana (he kōwhiringa)
- Kia 3 ngā hēki
- Kia 2 ngā kapu miraka
- Kia ⅓ o te kapu huka mā
- Kia 1 te kokonui waitāwhara wanira
- Kia 1 te kokoiti hinamona

1.

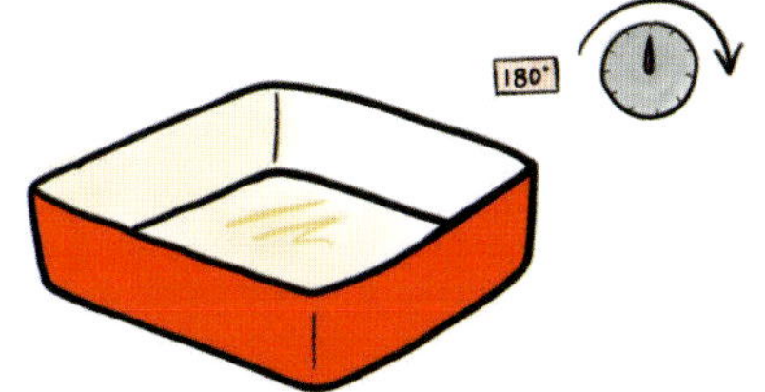

Whakamahana tōmuatia te umu, kia 180° tohurau te pāmahana. Whakahinuhinutia tētahi paeumu, e 2 rita te nui.

2.

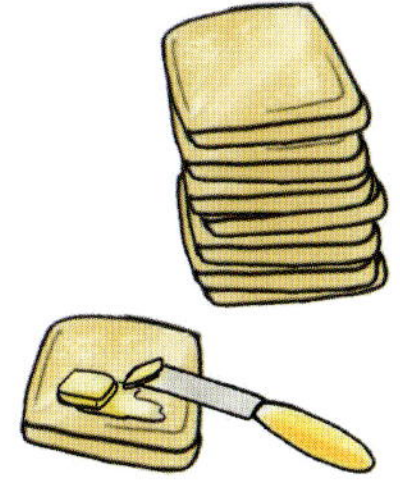

Pania mātotorutia te parāoa ki te pata.

3.

Hauwhāngia te parāoa (kia tapatoru te hanga), ka whakatakoto tahi ai ki te paeumu me ngā reihana, mēnā e whakamahia ana.

4.

Tāwhiuwhiuhia ngā hēki, te miraka, te huka me te wanira ki tētahi oko.

5.

Tāhorotia atu te ranunga ki runga ki te parāoa. Mahia kia waiwai katoa te parāoa.

6.

Ruia ki te hinamona, ka tunu ai ki te umu mō te 35–40 meneti, kia kōura rānei te parāoa, kia tetepe anō hoki te ranunga.

15 meneti

Ka 4 ngā tohanga

HE PŪKEI AIHIKIRĪMI KARAMERA

- Kia 125 karamu o te pata
- Kia ¾ o te kapu huka hāura
- Kia 1½ ngā kokonui o tā Edmonds puehu kānga Fielder's
- Kia 1 te kapu wai
- Kia 1 te kokonui waihuka kōura
- Kia ½ o te kapu kirīmi
- Kia 8 ngā tīkoko aihikirīmi

- MŌ RUNGA -

- He natinati kua kotikotia
- He tiakarete kuoro
- He māngohe
- He panana kua kotikotia
- He tiere waihuka
- He pakē tukutuku

1.

Whakamahanatia te pata me te huka ki te hōpane. Kōroritia kia memeha rā anō te huka.

2.

Pāeratia mō te 3 meneti, ka kōrori hoki i ōna wā. Tangohia atu i te tārahu.

3.

Ki tētahi oko, whakaranua te puehu kānga, te wai me te waihuka kōura kia mōhanihani rā anō.

4.

Āpitihia atu ki te ranunga pata. Pāeratia anō.

5.

Kia rite tonu te kōrorirori mō te 2 meneti.

6.

Tangohia atu i te tārahu, ka whakaranu atu ai i te kirīmi.

7.

Meatia atu he koko aihikirīmi e 2 ki te oko, ka ūhia ai ki te wairanu karamera.

8.

Taupokina te pūkei aihikirīmi ki ngā kīnaki pai ki a koe.

HE WAITIO HUARĀKAU

E 4½ hāora

Ka 4 ngā tohanga

- Kia 500 karamu o te huarākau raumati, pēnei i te kerepe, te paramu me te rōpere
- Kia ½ o te kapu huka
- Kia 1 te kapu wai
- Kia ¼ o te kapu wai rēmana
- Kia 2 ngā kahu hēki, kei te pāmahana rūma

1.

Ki te whakahanumi, kotēngia te huarākau kua kōwhiria e koe. Tātarihia kia tango ai i te kiri me ngā kano.

2.

Ki te hōpane, whakahanumitia te huka me te wai. Āta whakamahanatia. Kōroritia kia memeha rā anō te huka.

3.

Tukuna kia mātao. Whakahanumitia ki te kotē huarākau me te wai rēmana.

4.

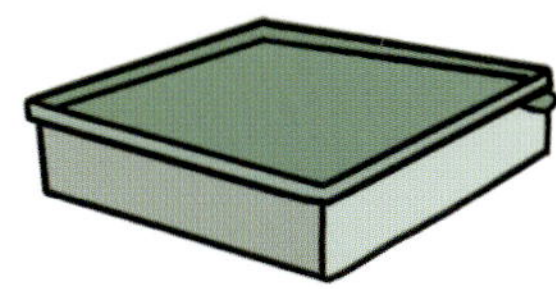

Tāhorotia atu ki tētahi ipu pāpaku e pai ana mō roto i te pouaka tio. Taupokina.

5.

Waiho ki te pouaka tio kia tio rā anō a runga me ngā tapa o te ranunga.

6.

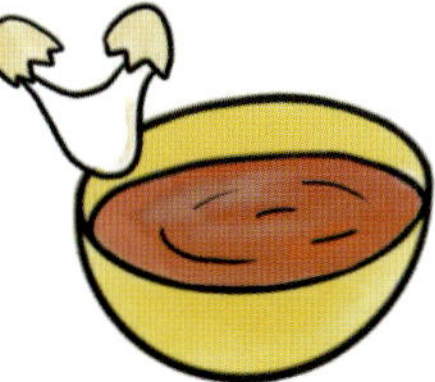

Whakawhitihia atu ki tētahi oko, ka āpiti ai i ngā kahu hēki.

7.

Koheria kia hanumi pai ai, kia tāhungahunga anō hoki.

8.

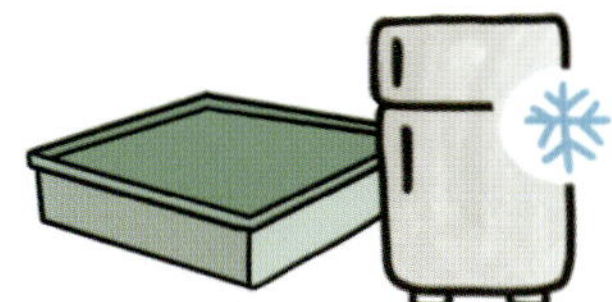

Whakahokia ki te ipu o mua. Waiho atu ki te pouaka tio kia tetepe rā anō. Ka āhua 4 hāora e pērā ai.

E 2 hāora

Ka 6 ngā tohanga

HE HUARĀKAU WHĀRANU

- Kia 3, kia 4 rānei ngā momo huarākau ngaere, kua tapahia kia ō pai ai ki te māngai

- TE WAIHUKA -

- Kia 2 ngā kōripi o te tinitia māota
- He tākupu hīoi māota
- Kia 3 ngā kokonui huka
- Kia 6 ngā kokonui wai

1.

Whakaranua ngā wāhi huarākau ki tētahi oko.

2.

Meatia atu te tinitia me te hīoi ki tētahi kapu.

3.

Āta kōhuatia te huka me te wai.

4.

Kōroritia kia memeha rā anō te huka.

5.

Riringihia atu te waihuka ki te kapu, ka waiho kia mātao haere ai.

6.

Wehewehengia atu te hīoi me te tinitia i te waihuka, ka riringi ai i tētahi wāhi waihuka ki runga ki te huarākau whāranu.

HE PŌRO ĀWENEWENE

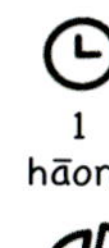

- Kia 1 te kapu teiti mohe kano kore, kua kotikotia kōkautia
- Kia ½ o te kapu niu ngakungaku
- Kia 1 te kokonui tinitia tioata kua kotikotia
- Kia 1 te kokonui mīere
- Kia 1 te kokonui kōkō
- Kia ½ o te kokoiti nehu tinitia
- Kia 4 ngā kokonui o te karani, o te reihana rānei

- TE UHI KIRIKIRI -

- He kōkō
- He tiakarete kuoro
- He niu hunuhunu
- He natinati kua kotikotia rauangitia

1.

Kia putuputu te whakaranu i ngā kai whakauru ki te tāwhirowhiro kia hanumi pai ai, engari e wāhi pōkurukuru tonu ana.

2.

Āpitihia he wāhi wai mēnā he ngakongako rawa ana te ranunga.

3.

Whakamātauria te tāwara, ka raweke ai ki te hiahiatia.

4.

Ahuahungia mai kia 16 ngā pōro.

5.

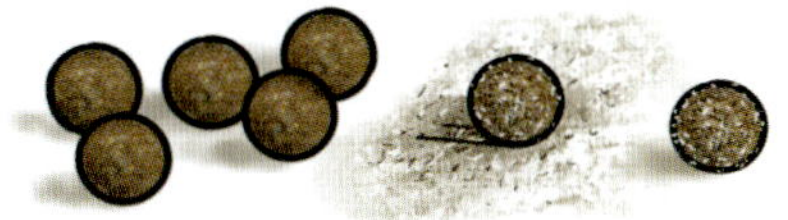

Pīroritia ngā pōro ki te kōkō, ki te tiakarete kuoro, ki te niu hunuhunu, ki ngā natinati rauangi rānei.

6.

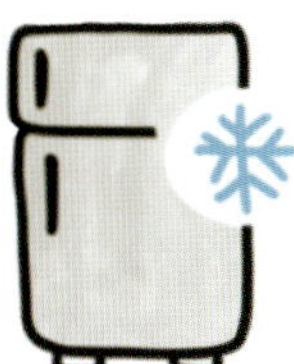

Whakamātaohia kia tūāmārō rā anō. Tiakina ki te pouaka mātao.

HE PORO NIU HUKAHUKA

Ngā Kai Āwenewene

- Kia ½ o te kapu miraka
- Kia 25 karamu o te pata
- Kia 3 ngā kapu puehu huka
- Kia ¼ o te kokoiti tote
- Kia ¾ o te kapu niu pūtī
- He pata ruarua o te whakakarakara kai whero

1.

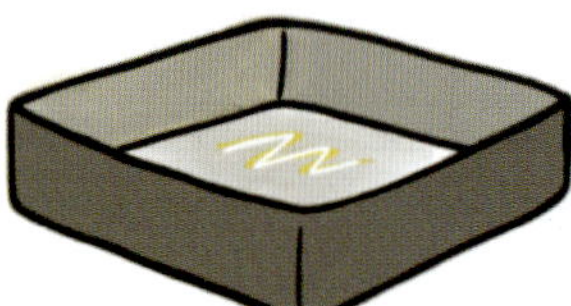

Whakahinuhinutia tētahi paeumu tapawhā, e 20 henemita te rahi.

2.

Āta whakamahanatia te miraka, te pata, te puehu huka me te tote.

3.

Kia pūmau te kōrorirori mō te 10 meneti, kia memeha rā anō te huka.

4.

Pāeratia. Āta kōhuatia kia mohe rā anō te ranunga (kia 114° tohurau e ai anō ki te ine-mahana huka).

5.

Tangohia atu i te tārahu. Whakaranua atu te niu. Waiho kia mātao haere mō te 10 meneti.

6.

Meatia atu tētahi haurua o te ranunga ki te oko. Āpitihia atu te whakakarakara kai.

7.

Koheria ki te koko rākau kia kukū rā anō te ranunga. Horahia ki te papa o te paeumu.

8.

Koheria te wāhanga mā, kia kukū rā anō. Horahia ki runga ki te ranunga māwhero. Whakamātaohia. Tapahia hei poro tapawhā.

HE POROHUKA RŪHIA

E 2 hāora

Ka 36

- Kia ½ o te kapu miraka
- Kia 3 ngā kapu huka
- Kia ½ o te kapu miraka kukū reka
- Kia 125 karamu o te pata
- Kia ⅛ o te kokoiti tote
- Kia 1 te kokonui waihuka kōura
- Kia 2 ngā kokoiti waitāwhara wanira

1.

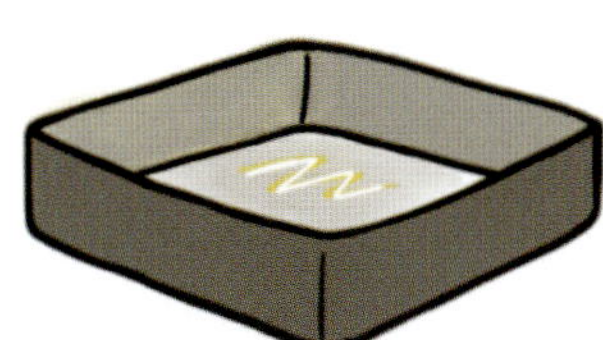

Wāhi whakahinuhinutia tētahi paeumu tapawhā, e 30 henemita te rahi.

2.

Āta whakamahanatia te miraka me te huka. Kia rite tonu te kōrori mō te 10 meneti kia memeha rā anō te huka.

3.

Āpitihia atu te miraka kukū, te pata, te tote me te waihuka kōura. Kōroritia kia rewa rā anō te pata.

4.

Pāeratia mō te 5 meneti kia mohe (kia 114° e ai anō ki te ine-mahana huka). Kōroritia i ōna wā.

5.

Tangohia atu i te tārahu. Āpitihia atu te wanira. Tukuna kia mātao haere mō te 2–3 meneti.

6.

Koheria ki te koko rākau, ki te koheri hiko rānei mō te 3 meneti, kia kukū rā anō.

7.

I ia 30 hēkona, me whakamātau mēnā rānei ka tūpā tonu te ranunga ka unuhia ana te koko.

8.

Tāhorotia atu ki te paeumu kua whakaritea kētia, ka māka haere ai hei poro tapawhā. Tapahia ka mātao ana.

1 hāora

Ka 6 ngā tohanga

HE KĀNGA PAHŪ KARAMERA

- Kia 2 ngā kokonui hinu
- Kia 1/3 o te kapu kānga mō te pahū
- Kia 200 karamu o te pata
- Kia 2/3 o te kapu huka hāura e noho kiato ana
- Kia 1½ ngā kokoiti o te waitāwhara wanira
- Kia 1/4 o te kokoiti pēkena houra

1.

Ki te hōpane, whakamahanatia te hinu ki te tārahu wera. Ūhia tētahi paepae tunu ki te raukonu.

2.

Raua atu te kānga ki te hōpane, ka taupokina ai. Rūrūngia kia mutu rā anō te pahū.

3.

Tāhorotia atu te kānga pahū ki tētahi oko nui. Rūrūngia, ka tango ai i ngā kānga kāore i pahū.

4.

Whakarewaina te pata. Āpitihia atu te huka, ka kōrori ai.

5.

Kōrori tonutia kia korohuhū rā anō te ranunga, ka pāera ai mō te 4 meneti.

6.

Whakaranua atu te wanira, ka pāera ai mō te 1 meneti. Āpitihia atu te pēkena houra. Kōroritia.

7.

Kōroritia atu te ranunga ki te oko kānga pahū kia kapi ai.

8.

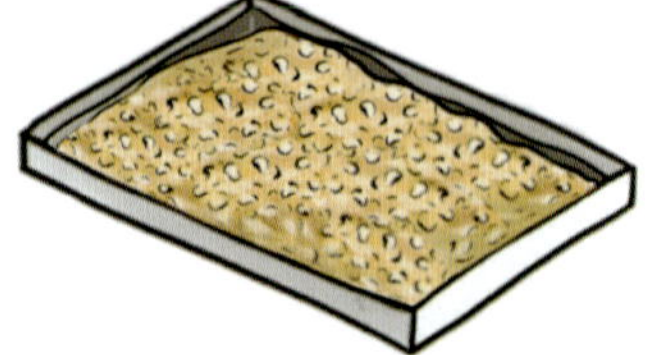

Tāhorotia atu te kānga pahū ki te paepae tunu. Tukuna kia mātao haere.

HE MŌHANI HUARĀKAU

E 5 meneti

Ka 2 ngā tohanga

- Kia 3 ngā kokonui miraka tepe māori
- Kia ½ o te kapu huapere whāranu
- Kia 1 te tīkoko aihikirīmi wanira, te miraka tepe tio rānei
- Kia 2 ngā kapu miraka mātao
- Kia 1 te panana
- Kia 1 te kokonui mīere (he kōwhiringa)

1\.

Meatia atu ngā kai whakauru katoa ki te whakaranu.

2\.

Whakaranua kia mōhanihani rā anō.

3\.

Tāhorotia atu ki ētahi karaehe tāroa e 2, ka inu ai.

- HE KUPU ĀWHINA -

Whakamahia te panana tio kia kukū ake ai.

- PANONITANGA 1 -

Mō te mōhani kākāriki, whakakapia ngā huapere ki tētahi kapu o te rau rengamutu iti.

- PANONITANGA 2 -

Mō te mōhani pata pīnati me te tiakarete, whakakapia ngā huapere ki ētahi kokoiti pata pīnati e 3, ka āpiti ai i te ½ o te kokonui kōkō.

HE RĀRANGI KUPU

A

ahuahu(ngia) to shape/form
āpiti(hia) add
āta kōhua(tia) simmer
āwenewene sweet

H

hahae(a) slit
hāpiapia sticky
haumākū damp
hāura brown
hauroki diagonally
hauruangia (divide into) halves
hautorungia (divide into) thirds
hauwhāngia (divide into) quarters
henemita centimetre
hiako rind (e.g., of bacon)
hihī sizzle
hinamona cinnamon
hinu huawhenua totoka vegetable shortening
hinu kanōra canola oil
hinu ōriwa olive oil
hīoi mint
hīpoki (hipokina) cover
hīra seal
hīwera burn(t)
hōmihi hummus

hōpane saucepan
hōtiti me te penupenu bangers and mash
huamata rīwai potato salad
huamenge dried fruit
huaone root vegetables
huapere whāranu mixed berries

huarākau whāranu fruit salad
huarua double
huhuka frothy
huka kuoro caster sugar
hupa kihu mīti kau beef noodle soup
hupa paukena pumpkin soup

I

Īhi horo instant yeast
Īhi oho active yeast
ika mata raw fish
ine-mahana huka sugar thermometer
inenga ngahuru standard metric measures

K

kahi wedge
kahi rīwai kapi loaded wedges
kahu hēki egg white
kahunati cashew nut
kai kōhua boil up
kakau tīhi cheese straws
kamoriki courgette
kāngarere cornflakes
kānga pahū karamera caramel popcorn
kano paukena pumpkin seed
kano puarā sunflower seed
kao kānga sweetcorn fritters
kao kūtai mussel fritters
kapekape a stir fry
kapukeke cupcakes
kapuranga handful
karamera caramel
karamu gram
kārawarawa(hia) slice(d) into thin strips
kareparāoa tīhi cauliflower cheese
kāriki garlic
kauhuri(hia) flip
kaurori(hia) scrambled, to scramble

kāriki

keke kōpunga sponge cake
keke māpere marble cake
keo momohe soft peaks
kia putuputu te whakaranu pulse
kiato firmly packed
kīhihi pōhā kore impossible quiche
kihu noodles

kihu kōrahirahi vermicelli noodles
kihu parāoa spaghetti
kihu Tai parai pad Thai
kīnaki hirikakā reka sweet chilli sauce
kīnaki kōmā mayonnaise
kīnaki rērihi relish (condiment)
kīnaki tiatini chutney
kini pinch (e.g., pinch of salt)
kiri rēmana lemon rind
kirīmi moī sour cream
kirīmi moī matū crème fraîche
kirīmi pāhukahuka whipped cream
kiripakapaka crust
koero thawed
koheri(a) beat
kōhanga merenge meringue nests
kōhua waitunu stock pot
kōkau rough (e.g., roughly chopped)
kokoiti teaspoon
kokonui tablespoon
kōmā pale
kōmiri(a) rub (e.g., rub in butter)
kongakonga kuoro fine crumbs
kongakonga parāoa breadcrumbs
kōpaki pēkana me te hēki bacon and egg pie

kōpunga sponge, spongy
kōrahirahi thin
korepe ika fish fillet
korepe kiriparāoa schnitzel
koriana coriander
kōripi rasher (e.g., of bacon)
kōripi a slice of something
kōripi(a) to slice
kōripotia swirl around
kōrori(tia) stir

kotakota kānga corn chips
kotē(ngia) purée(d)
kotikoti(a) chop, chopped
kōtutu ladle
kōura golden
kōuraura (1) golden brown
kōuraura (2) prawn
kōwhiringa optional
kukū thick, thickened
kumete dish
kumikumi byssus (beard) of mussels, etc.
kuoro(tia) grate(d)
kūteretere soft (of butter)

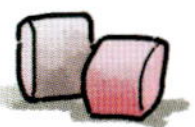
māngohe

M

mamaoa(tia) steam, to steam
māngohe marshmallow
maoa to be cooked
māota fresh
māripi kōpuku rounded knife
māripi papatahi flat knife
mātete Tīhona Dijon mustard
mātiti waea wire rack

māwhena muffin
miraka kukū reka sweetened condensed milk
miraka tikitū whole milk
miraka tepe tio frozen yoghurt
miringa poto short strokes
mitamano millimetre
mītinaku mince
mōhani huarākau fruit smoothie
mōhanihani smooth
mohe soft
mōhinuhinu glossy
mōkarakara savoury
motumotu doughboys

N

nātio nachos
nehu hirikakā chilli powder
niu hunuhunu toasted coconut
nōhanga umu oven position

NG

ngaere ripe (of fruit)
ngakungaku shredded

O

oko bowl
oko poke poke bowl
omareta omelette
opeope(a) rinse
ōpūrau heihei pīnati satay chicken kebabs
ōti oats

P

pae hēpara shepherd's pie
paenga bench
paenga rō umu oven rack
paepae tray
paepae tunu cooking tray
pāera(tia) boil(ed)
paetunu roasting dish/tin
paeumu baking dish/tin
pāhiri parsley
pāhūhū tiakarete chocolate crackles
paināporo menge dried pineapple
pakapaka crisp(y)
pakē tukutuku wafer biscuits
pakepakē crunch(y)
pākī tīhi cheese burger
pāmahana mōrunga high heat
pāmahana rūma room temperature
pani(a) smear, spread

panihuka tīhi kirīmi cream cheese icing
paniwiti porotaka melting moments
papanga cloth
papanui palm
paparanga layer
parai frypan
parai rumaki deep-fry
parai-kapekape(ngia) to stir-fry
parangunu roast(ed)
parāoa parai fried bread

parāoa parai

parāoa rimurapa pasta
parāoa rimurapa harāmi pasta salami bake
parāoa rimurapa tuaka penne pasta
parāoa takuahi focaccia
pararaha wok
para roa long grain
parehe tukutuku miraka moī buttermilk waffles

parehe tukutuku mōkarakara savoury waffles
pata grain, butter, drop
pata tikitū wholegrain
patahua granola
pēhia press
pehu pītiki falafel
pēkena houra baking soda
pēkena paura baking powder

penupenu(a) mash(ed)
pepa kaupare hinu greaseproof paper
pepa pūhahana cayenne pepper
piari translucent
pihapiha pizza
pihi pīni bean sprouts
piri kore non-stick
pīrori(tia) to roll
pītiki chickpeas
poaka wāmu ham
pōhā pastry
pōhā aparau flaky puff pastry
pōhā kōkau rough pastry
pōhā ngakonui short pastry
pōhā ngakonui mōkarakara savoury short pastry
pōhā tīhi cheese pastry
poka(ina) cut out
pōkai raihi sushi
pokenga dough
pokepoke(a) knead

pokewai batter
pōkurukuru lump(y), chunk(y)
pōpō pat
poro block, piece, bar, a slice
pōro āwenewene bliss ball
poro niu hukahuka coconut ice
poro ōti flapjacks
poro patapata shortbread
poro tinitia pakepakē ginger crunch
porohita rounds (e.g., cut into rounds)
porohuka fudge
pōtaka tiakarete afghans

pū parehe tukutuku waffle maker
pua floret
puarere puffed rice cereal
puehu huka icing sugar
puehu kānga cornflour
puehu mātete dry mustard
puehu parāoa kounga high grade flour
puehu parāoa māori standard flour
puehu parāoa whakarewa self-raising flour
puehu parāoa wīti tikitū wholemeal flour
puehu parāoangia floured (e.g., floured board)
pūkei heap(ed)
purata clear
pūrau skewer
puri kapukeke cupcake case(s)
pūtī desiccated

R

rahinga aro whānui standard size
raihi kounga perfect rice
raihi waitunu risotto
rango log
rapa spatula
ratatuia ratatouille
rau amiami herbs
rau ōti rolled oats
raukonu tinfoil
raunga filling
rautunu baking paper
rawaka enough

rehu tunutunu baking spray
rewa melted
ringatunu baker
rita litre
ritamano millilitre
rīwai uhi pakapaka potato gratin
rohi panana banana loaf
rōhimere rosemary

rīwai uhi pakapaka
rōhimere

rorerore o waho barbecue
rorerore umu oven grill
rorerore(tia) to grill, to barbecue
rui(a), ruirui(a) to sprinkle
ruia pūnehutia to dust
ruireka sprinkles
rūrū(ngia) to shake

rūrūngia

T

tā hererī celery stick
tāhawa whitiwhiti cross-contamination
tahi(a) to brush
tāhoro(tia) pour
tahuwhiti(a) sauté
tākai(a) wrap
tākai niko dumplings

tākai niho

tākai tōtīa heihei chicken enchiladas
takakau scones
takapapa rolling pin

takapapa

takapapa(ngia) flatten, roll out
tākongakonga crumble, crumbly
tākupu sprig
tangohia remove (e.g., from heat)
tapa edge
tapahi mataono(tia) to cube, cubed
tapahi taurite(tia) dice(d)
tapahi(a), tapatapahi(a) cut, slice(d)

tapahia

tapatui sapasui
tapure tabbouleh
tārahu mahana low heat
tārahu wawaenga medium heat
tārahu wera high heat
tātari sieve
tātari(hia) to sift

tātarihia

tāte tart
taupokina cover (e.g., with lid)
tāwara flavour
tāwhirowhiro food processor
tāwhiuwhiu(hia) whisk, to whisk
tetepe set (e.g., firm)
tiaka jug
tiere waihuka glacé cherries
tīhi kirīmi cream cheese
tīhi makue tasty cheese

tīhi makue

tīhi tiera moī aged cheddar cheese
tīkohu parāoa macaroni
tīkoko(a) scoop, to scoop or spoon
tioata crystallised
tirikai portion
toaitia repeat
tohanga serving
tōhi kihu parāoa me te tīhi spaghetti and cheese toasties
tōhi Wīwī French toast
tōhua yolk
tohurau celsius
toi matimati fingertips
tōnati umu baked doughnuts
tōrino spiral
tōrino tīhi īhipani marmite cheese scrolls
tōtīa parāoa flour tortillas
toutou(a) (to) dip
toutou rahopūru guacamole
tūākōura pale golden, lightly golden
tūāmahana very low heat, slightly warm
tūāmārō firm, set
tūāngohe tender
tukukore airtight
tūpā level
tupana spring back
tūpuhi lean
tuwhene excess

U

uhi cover
uhi kirikiri granular coating (e.g., sugar)
ūhia to coat, line

W

wāhi heihei whakapūkara marinated chicken nibbles
waihuka syrup
waihuka kōura golden syrup
waimāpere maple syrup
wairau discoloured
waitāwhara wanira vanilla essence
waitio sorbet
waitunu stock
waiwaitia soak
wakuwaku(a) scrape
wāmu smoke(d)
waruwaru(a) peel
wāwāhi(a) divide
wē liquid
winika vinegar
wīti kōnatunatu bulgur
wīti tikitū wholemeal

WH

whakahanumi(tia) blend, blender, combine
whakahinuhinu(tia) grease
whakakapi(a) replace (e.g., replace milk with egg)
whakakarakara kai food colouring
whakamahana tōmuatia preheat
whakamahanatia to heat
whakamahanatia anō reheat
whakamakue(tia) season (e.g., with...)
whakamāruarua(tia) to dimple
whakamātao(hia) chill, to cool
whakamāturu(tia) drizzle
whakamemeha(tia) dissolve
whakapāhukahuka(tia) to cream (e.g., butter and sugar)
whakapapahia to layer
whakapūkara(tia) marinade, to marinate
whakarākei(ngia) garnish
whakaranu(a) mixer, mix
whakarehua to flavour
whakarewa(ina) melt
whakatangatanga(hia) loosen
whakatōhi toaster
whētui(hia) fold
whiuwhiu(a) toss

NGĀ TAUMAHA ME NGĀ INENGA

- Ka whakamahia ngā inenga ngahuru mō te kapu me te koko e hāngai ana ki Aotearoa i ngā tohutao katoa.
- Katoa ngā inenga e tūpā ana.
- Whakamahia ngā kapu, ngā tiaka ine rānei hei ine i te wē. Mō ngā kai whakauru maroke, me whai tētahi huinga kapu ine, kia 1 kapu, kia ½ kapu, kia ⅓ kapu, kia ¼ kapu anō hoki ngā rahinga.
- Ko ngā inenga mō te huka hāura, e hāngai ana ki te huka e noho kiato ana, kia mau tonu ai te auaha o te kapu ka tāhorotia atu ana.
- Kia 6 te rahinga o te hēki (e 53 karamu) ki te kore tētahi rahinga kē atu e āta tohua.

NGĀ INENGA NGAHURU

1 kapu = e 250 ritamano
1 rita = e 4 ngā kapu
1 kokonui = 15 ritamano
(kia mōhio mai, i Ahitereiria, he 20 ritamano kē kei te kokonui kotahi)
1 kokoiti = e 5 ritamano
½ o te kokoiti = e 2.5 ritamano
¼ o te kokoiti = 1.25 ritamano

HE KUPU ĀWHINA MŌ TE UMU

- Meatia ngā paenga rō umu ki ngā nōhanga tika i mua i te whakakā i te umu.
- Ngā nōhanga umu (pānuitia tō puka arataki umu i te tuatahi, inā hoki, kei roto rā pea ētahi kupu āwhina e hāngai pū ana):
  - Te wāhanga o raro o te umu: mō te āta tunu, mō te tunu hoki ki te tārahu mahana
  - Te wāhanga o waenga o te umu: mō te tunu ki te tārahu wawaenga
  - Te wāhanga o runga o te umu: mō te tunu horo, mō te tunu hoki ki te tārahu wera
- Ngā umu kōkōhiko: tirohia ngā tohutohu a te kaihanga, inā hoki he rerekē ngā momo. Hei kupu arataki whānui, tangohia atu te 20° tohurau i te pāmahana umu e tūtohua ana mō te umu māori noa.
- Whakamahana tōmuatia te umu kia eke ai ki te pāmahana e tika ana i mua i te taka kai.
- Ko ngā pāmahana mō te tunu, me te roa o te wā tunu kua tohua, hei arataki noa, inā hoki, ka rerekē pea te pāmahana o tēnā umu, o tēnā umu.

TE WHAI I NGĀ TOHUTAO

- Āta pānuitia te tohutao i mua i te tīmata. Me āta whakaū kei a koe ngā kai whakauru katoa e tika ana.
- Whakamahana tōmuatia te umu i mua i te tīmata ki te tunu. Kei wareware ki te tiro i te nōhanga o te paenga rō umu.
- Whakaritea ngā paeumu, ngā kumete, ngā paepae rānei i mua i te tunu.
- Ka kitea ngā pāmahana, me te roa o te te tunu, tae atu ki te nui o ngā tohanga, o ngā wāhi kai rānei ka hua ake, i te tīmatanga o ia tohutao. Heoi, kia mōhio mai, ka rerekē pea te pāmahana o ētahi umu, nō reira, hei ārahi noa aua tohutohu rā.

TE HAUMARUTANGA Ā-KAI

- Horoia paitia ō ringaringa i mua i te taka kai. Kia mā hoki tō wāhi whakarite kai.
- Horoia ngā papa kotikoti me ngā papa mahi ki te wai wera me te hopi whai muri i te tapahi mīti mata, i waenga anō hoki i te tapahi i ngā momo kai rerekē. Ka māmā noa tā te kai mata, pēnei i te mīti me te kaimoana, whakawhiti i te huakita kino i ngā papa ki tō māngai.
- Horoia paitia ngā māripi me ngā taputapu kua whakamahia hei tapahi i te mīti mata, i te ika mata rānei, hei ārai i te tāhawa whitiwhiti. Mā te horoi anō hoki i ō taputapu, e kore ai ngā momo tāwara pēnei i te kāriki me te aniana e whakawhiti atu ki roto ki ō keke reka, ki ō wairanu rānei.
- Ko ngā kai kei roto rā ko te hēki, te mīti, te kaimoana, me ngā kai katoa kua tunua, me horo te tuku ki te pouaka mātao, ka mātao ana.
- Mēnā kua tio kē te mīti, me tuku kia koero mā te waiho ki te pouaka mātao mō te pō, me horo rānei te whakakoero ki te ngaruiti. Me whai kia kaua e waiho noa ki te paenga, ki te puoto rānei mō te roanga o te pō.
- Mēnā koe e whakamahana ana anō i te kai, whakamahana katoatia i ngā wā katoa. Ka whakamahana ana anō i te kai, me eke te wera ki te pae koropupū, kei tuku kia mahana noa. Ka ora pai ngā huakita kino i ngā wāhi mahana, me te aha, ki te tika ngā āhuatanga katoa, ka horo te tupu.
- Kia kotahi nahenahe te whakamahanatanga anō o te kai.

KIA RAWERAWE!

HE KUPUTOHU

R

S

T

W

WH